COMO ABRIR UMA EMPRESA
Teoria e Prática

Dados Internacionais de Catalogação na Publicação (CIP)
(Câmara Brasileira do Livro, SP, Brasil)

Cordeiro, Paulo
    Como abrir uma empresa : teoria e prática :
autos para registro e arquivamento : abertura,
alteração e baixa / Paulo Cordeiro. –
atualizado pelo novo Código Civil, Lei 10.406,
de 11 de janeiro de 2002. – São Paulo : Ícone,
2009.

    Bibliografia.
    ISBN 978-85-274-1024-3

    1. Direito civil – Legislação – Brasil
2. Direito comercial – Brasil 3. Empresas – Leis e
legislação – Brasil I. Título.

09-00294   CDU-347.72(81)

Índices para catálogo sistemático:

1. Brasil : Empresas : Direito comercial   347.72(81)

PAULO CORDEIRO

COMO ABRIR UMA EMPRESA

Teoria e Prática

AUTOS PARA REGISTRO E ARQUIVAMENTO

ABERTURA, ALTERAÇÃO E BAIXA
ATUALIZADO PELO NOVO CÓDIGO CIVIL
LEI 10.406, DE 11 DE JANEIRO DE 2002

1ª EDIÇÃO - 2009

Copyright © 2009
Ícone Editora Ltda.

Capa
Rodnei de Oliveira Medeiros

Diagramação
Nelson Mengue Surian

Revisão
Rosa Maria Cury Cardoso

Proibida a reprodução total ou parcial desta obra, de qualquer forma ou meio eletrônico, mecânico, inclusive através de processos xerográficos, sem permissão expressa do editor (Lei nº 9.610/98).

ÍCONE EDITORA LTDA.
Rua Anhangüera, 56
CEP 01135-000 - São Paulo - SP
Tel./Fax.: (11) 3392-7771
www.iconeeditora.com.br
E-mail: iconevendas@iconeeditora.com.br

DEDICATÓRIA

Aos meus filhos,

Paulinho, Letícia,

Bruna e Gabrielle.

APRESENTAÇÃO

O Registro do Nascimento de uma Empresa

A princípio o objetivo do presente trabalho de pesquisa do Administrador de Empresas – FIG e Bacharel de Direito – UNG, é contribuir e oferecer aos empresários, contabilistas, advogados e estudantes em geral uma exposição pretendida na interpretação da legislação, Lei n.º 8.934/94, que dispõe sobre o registro público de empresas mercantis e atividades afins, e dá outras providências.

Informar o procedimento correto dos formulários e instrumentos, devidamente regulamentado pelo Decreto 1.800 de 30 de janeiro de 1996, Instruções Normativas; e as alterações introduzidas pela Lei n.º 10.406, de 10/01/2002 *(novo Código Civil).*

E, ao subsidiar consultas, aos profissionais, no meio de tudo isso, virão embutidas discussões que farão a diferença no debate para correção acentuada, tornando o procedimento mais fácil e ao alcance de todos.

É o que espera o autor.

O Registro de Comércio

Resumo Histórico

Para o registro do comércio a publicidade dos atos e dos fatos, tem como uma de suas principais finalidades, como os demais registros públicos, salvaguardar os interesses dos que negociam.[1]

Destarte, alguns autores, para esclarecer a origem do registro de comércio, reconhecem que estas exigências datam das corporações medievais, e também da Grécia ou Roma.

Havia a distinção do negociante, não inscrito, e do mercador inscrito, o que comprovava apenas a qualidade de membro, sendo que a publicidade sempre destacou-se na sua atribuição.

O mais antigo dos registros públicos de comércio foi em 1808, o alvará que criou a Real Junta do Comércio, Agricultura, Fábrica e Navegação.

Com o regulamento 738, de 25 de novembro de 1850, esclareceu a forma de aplicação do art. 11 do Código Comercial brasileiro da época, segundo o qual nas secretarias dos Tribunais do Comércio haveria o registro público de comércio.

Em 1º de maio de 1855, o Decreto n.º 1.597, introduziu modificações nas atribuições dos órgãos citados, suprimindo as Juntas do Comércio. Em lugar destas, surgiram as conservatórias do comércio, que eram instaladas nas províncias onde não houvesse tribunais do comércio.

---

[1] A Lei n.º 8.934/94 equipara-se à Lei n.º 6.015/73, Direito Comercial e Direito Civil, respectivamente, para o Registro de Empresas Mercantis (*Juntas Comerciais*); bem como as exigências do art. 46 CC, complementam-se em relação a cada tipo de pessoa jurídica de direito privado, sendo o art. 54 relativo às associações, art. 65 às fundações, art. 997 às sociedades simples, art. 1.054 às sociedades limitadas e art. 84 da Lei n.º 6.404/76 e 120 da Lei n.º 6.015/73.

O governo foi autorizado a extinguir os Tribunais e as Conservatórias do Comércio, pelo Decreto n.º 2.672, de 09 de outubro de 1875, e a substituí-las por juntas e inspetorias comerciais, passando algumas de suas atribuições à competência dos juízes de direito.

Com o Decreto n.º 596, de 19 de julho de 1890, dando o novo regulamento, aguardando que o Congresso Nacional e as legislaturas estaduais, dentro do preceito constitucional, se organizassem definitivamente.

Em 1891 foi fixada a competência dos Estados, sendo que os mesmos se limitaram, praticamente, a reproduzir o mencionado decreto.

Promulgada a Constituição Federal de 1946, a matéria voltou a ser da competência da União.

O que daria um novo regime jurídico às juntas comerciais, foi extraviado na Câmara dos Deputados, e só encontrado depois de promulgada a Lei n.º 4.726, de 13 de julho de 1965, que dispõe sobre os serviços do registro de comércio e atividades afins e dá outras providências, com sessenta e três artigos.

Como no Brasil as leis são efêmeras, curiosamente os avanços e retrocessos encontram sempre os mesmos argumentos; – a mudança, o avanço, a necessidade de modernizar, o compromisso com as reformas, algumas tão profundas que parecem inadequadas à nossa cultura, e passíveis de perecimento, como tantas outras normas que pela inadequação aos usos, costumes e sentimentos do povo, acabaram por que não ensejam aplicação prática, carecendo do que se chama de eficácia social. A referida lei foi regulamentada pelo Decreto n.º 57.651, de 19 de janeiro de 1966.

Infelizmente a legislação dos povos mais antigos e os nossos conhecimentos são falhos, em especial quanto ao Direito Comercial.

O Código de Hamurábi, ainda que não seja o mais antigo (*com mais de dois mil anos de vigência*), é o mais importante, pois compilava os usos e costumes existentes, com seus 282 artigos, e não existia uma separação entre o Direito Civil, Comercial, Religião, moral etc.[2]

O velho Código Civil de 1916 com mais de oitenta anos, e um Código Comercial de um século e meio, este revogado na sua primeira parte, e aquele revogado inteiramente, pelo novo Código Civil.

Hoje, o não arquivamento de seus atos constitutivos, não impede o reconhecimento da qualidade de empresário, mas sim a que se atribua a qualidade de empresário regular e concorrer aos benefícios da legislação.

O novo Código Civil consagrou a figura do empresário (*que produz ou faz circular bens e serviços*), contrapondo-o à do antigo comerciante (*intermediário que pratica a compra e venda habitual de produtos, com intuito de lucro*).

Empresário não é o sócio da sociedade, e a organização da atividade é feita pelo empresário, que articula os fatores de produção: capital, trabalho e tecnologia. Não é atividade empresarial e, portanto, não é empresa, o negócio em que falte um dos fatores de produção-capital, trabalho e Tecnologia.[3]

Tecnicamente, empresário é a própria pessoa jurídica que explora a atividade empresarial (*sociedade empresária*), podendo ser também, pessoa natural (*empresário individual*). Mas jamais é o sócio de sociedade empresária.

Com a mudança no critério de definição do objeto de direito comercial, da teoria de atos de comércio para teoria da empresa,

---

[2] Miranda Júnior. Darcy Arruda. *Curso de Direito Comercial – Parte Geral*. 3ª ed., São Paulo: Bushatsky, 1974, v. I, pp. 193-195.
[3] Comparato, Fábio Konder. Direito Empresarial; Estudos e Pareceres, São Paulo, Saraiva, 1990, p. 31 e p. 14.

continuam excluídas do âmbito comercial algumas atividades econômicas de natureza civil, permanecendo civil o seu estatuto jurídico, e a lei dita as hipóteses de atividades econômicas não empresariais (*civis*) e que são quatro: a primeira é a situação de quem explora atividade comercial, mas não se enquadra no conceito legal de empresário, como exemplo a "sacoleira", e as outras três, são a do profissional intelectual, do empresário rural e da cooperativa.

Não há, portanto, porque continuar a sustentar a dicotomia entre pessoas jurídicas – sociedade comercial da pessoa jurídica – sociedade civil, se ambas repousam numa organização estruturada e montada para permitir a produção ou a circulação de bens ou serviços abandonada que foi a teoria dos atos de comércio preceituada pelo velho Código Comercial.[4]

---

[4] Ulhoa Coelho, Fábio. *Curso de Direito Comercial*, 6ª ed., Revisado e Atualizado, São Paulo, Saraiva, 2002, vol. 1, pp. 63/64. Todas espécies societárias, quando ausente o elemento da organização e da tipicidade (*deve constituir-se arts. 1.039 a 1.092 e 983 CC*), serão denominadas de sociedade Simples (*art. 982, caput, parte final, tendo como exceção o art. 966, e parágrafo único*).

SUMÁRIO

1. Contrato de Sociedade 17
1.1. Conceito 17
1.2. Elementos 19
1.3. Requisitos 19
1.4. Prazo de duração 24
1.5. Espécie de Sociedade *(Sociedades Simples e Sociedades Empresárias)* .. 25
1.6. Efeitos jurídicos 31
1.7. Relação entre os sócios 31
1.8. Obrigação de indenizar as perdas 32
1.9. Novo Código Civil 34
  Reflexões de Sociedade Limitada 34
  Reflexões Empresário Individual 70
2. Como e porque aderir ao Simples 73
2.1. Como ficam os impostos com o Simples 74
2.2. Descubra as vantagens do Simples 74
2.3. Quem não pode optar pelo Simples 76
3. Falências – Liquidação Judicial – Recuperação Extrajudicial e Judicial 80
3.1. Caracterização da Lei n° 11.101 de 09 de fevereiro de 2005 80
4. Dos Formulários e Instrumentos para Registro e Arquivamento 86
4.1. "Firma" Empresário Individual e os Atos 86
4.2. Constituição 86
4.3. Anotação 87
4.4. Encerramento – Baixa 87
4.5. Sociedade Limitada e os Atos 88
4.6. Constituição 88
4.7. Alteração 90
4.8. Encerramento – Baixa – Distrato 93
4.9. Sucessão – Distrato de Sociedade Ltda. com constituição de "Firma" Empresário Individual por sucessão
  a) Distrato 94
  b) Constituição 95

5. Dos Formulários e demais Atos para Registro e Arquivamento 96

5.1. Documentos para constituição de filial de firma individual no Estado ... 96

5.2. Documentos para alteração de dados de filial de firma individual no Estado 96

5.3. Documentos para cancelamento de filial de firma individual no Estado ... 97

5.4. Documentos para transferência de sede de sociedade Limitada para outro Estado 97

5.5. Documentos para constituição de filial de Sociedade Limitada com sede em outro Estado 98

5.6. Documentos para constituição de filial de Sociedade Limitada no Estado 98

5.7. Documentos para alteração de dados da filial de Sociedade Limitada no Estado 98

5.8. Documentos para cancelamento de filial de Sociedade Limitada no Estado ... 99

5.9. Documentos para enquadramento como M.E. firma individual 99

5.10. Documentos para enquadramento como M.E. Sociedade Limitada 100

5.11. Documentos para desenquadramento de M.E. firma individual 100

5.12. Documentos para desenquadramento de M.E. Sociedade Limitada 100

5.13. Enquadramento de E.P.P. *(Empresa de Pequeno Porte)* e comunicação .. 101

5.14. Modelos de requerimento para desenquadramento e comunicação 102

5.15. Documentos para transformação de Sociedade Simples *(Cartório Civil)* em Sociedade Empresária *(Junta Comercial)* 102

5.16. Documentos para constituição de cooperativas 103

6. Do Manual de Instrução para o preenchimento dos formulários de Sociedade Limitada 106

6.1. Declaração de Microempresa 106

6.2. Cadastro Nacional de Pessoa Jurídica – CNPJ 106

6.3. Quadro Societário 107

6.4. Requerimento-padrão – capa do processo 108

6.5. Contrato Social 109

6.6. Cláusulas contratuais 109

6.7. Ficha cadastral modelo FCN-1 110

6.8. Ficha cadastral modelo FCN-2 111

6.9. Alterações 111

6.10. Recolhimento das taxas e os códigos de receita 113

7. Do Manual de Instrução para o preenchimento dos formulários de firma individual 115

7.1. Declaração de Microempresa 115

7.2. Requerimento-padrão – capa do processo *(cor azul)* 115

7.3. Declaração de "firma" empresário individual 116

7.4. Anotação 117

7.5. CNPJ - Cadastro Nacional de Pessoa Jurídica 118

7.6. Recolhimento das taxas e código de receita 118

8. Orientações e Procedimentos 119

8.1. Modelo de Recurso à Junta Comercial – JUCESP 119

9. Sociedade Simples – Documentação para inscrição no CNPJ de Sociedade Prestadora de Serviços ou Associações 120

10. Sociedade por Ações – Constituição 122

11. Sociedade Simples – Empresa Prestadora de Serviços 123

11.1. Roteiro de preenchimento dos documentos necessários a serem encaminhados para Cartório, Receita Federal e Prefeitura 123

11.2. Receita Federal – Inscrição 123

11.3. Prefeituras dos Municípios do Estado de São Paulo – Inscrição .. 124

11.4. Cartório 124

11.5. Registro no Conselho Regional 124

11.6. Declaração de Microempresa e Empresa de Pequeno Porte 124

11.7. Contrato Social 125

12. Sociedade Simples – Empresa Individual 126

12.1. Instruções – Registro em Cartório 126

12.2. Receita Federal – Sociedades Empresárias 127

12.3. Prefeitura dos Municípios de São Paulo e Guarulhos 127

12.4. Declaração de Microempresa e empresa de pequeno porte 129

13. Secretaria do Estado e Negócios da Fazenda – Sociedades Empresárias . 130

14. Profissional Autônomo 135

14.1. Instruções para o preenchimento do formulário de inscrição caso do empreendedor – CCM 135

15. Sociedade de Profissionais – Pessoa Jurídica

15.1. Contrato Social 137

16. Empresa de Segurança – Vigilância 139

17. Da Análise Prévia de Sociedade Limitada – Empresária 141
18. Da Análise prévia de firma individual 142
19. Anotações Diversas 144
19.1. Modelo de certidão 144
19.2. Nome e Prenome 145
19.3. Pessoa Jurídica 145
19.4. Realidade das Instituições Jurídicas 145
19.5. A questão do nome comercial 147
19.6. Objeto Social 149
19.7. Enunciados SG/JUCESP – Secretaria da Justiça e da Defesa da Cidadania – Junta Comercial do Estado de São Paulo 150
20. Cadastro Nacional da Pessoa Jurídica – CNPJ 152
21. Modificações na Estrutura das Sociedades 154
21.1. Grupo Empresarial[5] 154
22. Transformação de Sociedade Limitada em S/A 156
23. Jornais 157
24. Outro Jornal 157
25. Cisão 158
26. Fusão 159
27. Incorporação 160
28. Ata de Assembléia Geral de Liquidação 162
29. Consórcio de Empresa[6] 163
30. Modelo de Contrato de Constituição de Sociedades 164
31. Modelo Básico de Alteração Contratual 173
32. Modelo Básico de Distrato Social 177
33. Bibliografia 180

---

[5] Art. 265 e seguintes da Lei n.º 6.404 de 15.12.76, reformada pela Lei n.º 10.303/2001.
Importante esclarecer que as modificações refletidas na nova legislação não alteram as bases da Lei das S/A., e que foi levada a cabo para atender a compromisso firmado com o FMI, o que aconteceu também com a lei das falências.
[6] Art. 278 da Lei n.º 6.404/76, reformada pela Lei n.º 10.303/2001.

1. CONTRATO DE SOCIEDADE

1.1 Conceito

Celebram contrato de sociedade as pessoas que reciprocamente se obrigam a contribuir, com bens ou serviços, para o exercício de atividade econômica e a partilha, entre si, dos resultados.

O Contrato de sociedade é a convenção por via da qual duas ou mais pessoas se obrigam a conjugar seus esforços ou recursos para consecução de um fim.[7]

A celebração e associação é a necessidade inerente ao próprio gênero humano. Fins irrealizáveis para um só homem são facilmente alcançados pela associação dos esforços de vários indivíduos.

A atividade pode restringir-se à realização de um ou mais negócios determinados. A base é igual à comunhão de interesses entre os sócios, de vontades dirigidas a um único objetivo.

Salvo as exceções expressas, considera-se *empresária* a sociedade que tem por objeto o exercício de atividade própria de empresário sujeito a registro, e, simples, as demais.[8] Considera-se

---
[7] Art. 112 CC- Nas declarações de vontade se atenderá mais à intenção nelas consubstanciada do que ao sentido literal da linguagem. Para que o negócio jurídico ingresse no mundo jurídico, o elemento interno (*vontade*) e o elemento externo (*declaração propriamente dita*) da declaração negocial devem coincidir.

[8] Art. 981 CC.- Sociedade Simples (*Decreto 3.708 de 10/01/1919 previa em seu art. 18 – serão observados quanto às Soc. por quotas de responsabilidade Ltda., no que não for regulado no estatuto social, e na parte aplicável, as disposições da Lei das S/A - revogado*) – Hoje, se a sociedade limitada eleger a Lei das S/A como fonte de regência supletiva, estará obrigada às disposições da lei, e as cláusulas contratuais contrárias, serão inválidas. Caso os sócios queiram mais liberdade para decisão, devem optar pela sociedade Simples.

empresário quem exerce profissionalmente atividade econômica organizada para a produção ou a circulação de bens ou de serviços. É obrigatória a inscrição do empresário no registro público de empresas mercantis da respectiva sede, antes do início de sua atividade.[9]

Não confundir sociedade com simples comunhão, incidente ou convencional; existem diferenças:

Sociedade: – Independentemente do seu objeto, considera-se empresária a sociedade por ações; e, simples, as demais (*sociedade rural, de profissional intelectual, cooperativa e a sacoleira*). Duradoura, estável, com termo ou final para sua existência no caso de morte. Tem forma, sistematização e regras legais; e a sua característica, bilateral ou plurilateralmente, são o benefício comum, oneroso, *comutativo* (*não perdem a validade*), consensual.

Comunhão: – Transitória, efêmera, sobrevive à morte, não tem disciplina jurídica, duas ou mais pessoas se obrigam, os sócios contraem obrigações recíprocas, e adquirem direitos. O valor das prestações será fixado possibilitando perceber vantagens, e o ônus que poderá advir para cada sócio tem o consentimento dos mesmos. Duas ou mais pessoas combinam a conjugação de seus esforços para obtenção de um fim comum.

Na verdade, o conceito da boa- fé objetiva com o novo ordenamento jurídico, a autonomia da vontade não perdeu o seu valor intrínseco no terreno das obrigações, mas sofreu paulatinamente a delimitação imposta pela denominada *função social do contrato*.[10]

---

[9] Arts. 982, 966 e 967 CC. A Idéia do legislador foi de criar modelos abertos, pelo regime estatutário. Sociedades por espécies, inclusive sociedade limitada (*por quotas*) e sociedade por ações. Matéria prevista no revogado C. Comercial- Parte Geral.

[10] Cibele Pinheiro Marçal Cruz e Tucci, Teoria Geral da boa-fé objetiva, Revista do Advogado dez/2002, p.103; e Humberto Theodoro Júnior – "ofender-se a função social quando os efeitos externos do contrato prejudiquem injustamente os interesses da comunidade ou de estranhos ao vínculo negocial" – O contrato e sua função social – Ed. Forense – RJ – 1ª ed., 2003 – p. 98.

1.2 Elementos

São imprescindíveis para a configuração do contrato social:

→ Existência de duas ou mais pessoas.

→ A composição do capital em bens (*móveis ou imóveis*), em dinheiro, título de crédito, direitos patrimoniais, no uso e gozo de bens móveis e imóveis e na prestação de serviços.[11] Se a entrada consistir em coisas fungíveis, ficarão, salvo declaração em contrário, pertencendo em comum aos associados.

→ Obtenção de fim comum pela cooperação dos sócios.

→ Participação nos lucros e prejuízos;[12] aplicação da partilha entre os sócios às regras da partilha entre herdeiros.[13] Se tratar de sociedade com fins lucrativos, e se o contrato não declarar a parte cabível, entender-se-á proporcional à quantia que entraram.

→ *Affectio Societatis*: intenção de cooperar com o sócio ou submeter-se ao regime societário (*pluralidade subjetiva*).

1.3 Requisitos

Subjetivos

→ Criam direito, impõem obrigações, exigem que os contratantes tenham a capacidade genérica para praticar os atos da vida civil (*unificação do direito das obrigações que inseriu matéria referente às sociedades*).

---

[11] Arts. 1.001, 391 e 942 CC, e 591 do CPC. Art. 89 bens singulares. Hoje os bens coletivos (*universitas rerum*) arts. 90 e 91 CC. Universalidades de fato (*universitas facti*) conjunto de bens reunidos pela vontade humana para determinado fim (*rebanho, biblioteca*) e universalidade de direito (*universita juris*) conjunto de coisas e direito reunidos pela lei com caráter unitário (*fundo de comércio, patrimônio, herança*), como doutrina Renan Lotufo, *Código Civil Comentado*, Saraiva, 2003, vol. I, p. 234.

[12] Arts. 997, VII e 1.007 CC.

[13] Arts. 1.991; 2.013 e seguintes CC.

- Pessoa: – é o ente físico ou coletivo suscetível de direito e obrigações.
- Personalidade Jurídica: – é a aptidão genérica para adquirir direitos e contrair obrigações.
- Capacidade: – é a medida jurídica da personalidade.
- Direitos da Personalidade: – direito subjetivo de defender o que lhe é próprio *(integridade física, intelectual e moral)*.[14]
- Os absoluta e relativamente incapazes têm que ser representados ou assistidos por seus representantes legais, sob pena de nulidade ou anulabilidade do contrato.

Objetivos

- Há necessidade de que o objeto seja lícito, possível, determinado ou determinável.
- Dispõe que a validade da declaração de vontade não dependerá de forma especial, senão quando a lei expressamente exigir. Indicadas ora como forma, ora como formalidade, tais determinações são de natureza diversa, sendo que alguns dispositivos impõe-se os instrumentos públicos; em outros, respeito das regras convencionais, de eficácia geral ou apenas restritas, encontradas com particular preferência em sociedades (*hoje o vocábulo sociedade designa apenas as pessoas jurídicas voltadas a fins econômicos*) ou associações (*o negócio jurídico que faz surgir a pessoa jurídica associação não se acha mais regrado pelo Código Civil, tornou-se atípico*). Sendo que a longa série de indicações restritivas é submetida aos registros públicos. Na concepção de Lhering: o rito é uma garantia contra o arbítrio; e a doutrina o reconhece.

---

[14] Para Kelsen – Pessoa é a personificação de um complexo de normas (*unidade de direitos e deveres*), sendo uma criação do direito a pessoa natural ou jurídica.

O formalismo é inerente a muitas situações jurídicas. Normais, portanto, aos artigos citados.[15]

→ É inimaginável um palco de igualdade absoluta entre os contendores. Por essa razão, desde que a superioridade de um deles esteja aos limites impostos pela formação sociocultural da parte contrária, se houver moderação de propósitos, e se for respeitada a dignidade da pessoa humana, a moral se conformará com a prevalência dos interesses do contendor mais forte. Inversamente, é inaceitável que a superioridade de um dos contendores se imponha sempre, sem quaisquer condições, bastando que o agente seja capaz, o objeto seja lícito, e observada a forma prescrita em lei.[16]

→ Asseguram a liberdade de associação para fins lícitos. Mas em casos especiais exigem prévia autorização governamental. Exemplo: – Montepio, caixas econômicas, sociedades estrangeiras, sindicatos, sociedade de seguros, bancos, telecomunicações etc.

Formais

→ O novo Código Civil consagrou em seus artigos *(cuida do poder de discutir o contrato - nas tratativas, na conclusão e execução)* à positivação da boa- fé objetiva, como método técnico-operativo de delimitação do conteúdo dos negócios jurídicos. A forma, depende de seus intervenientes para os negócios jurídicos, em parte por imposição legal ou voluntária, tendo a liberdade em ambos os casos *(por exemplo na formação da sociedade em conta de participação, no registro*

---

[15] Arts. 104, II, 107, 167 *(negócio jurídico simulado é nulo e não anulável)*, 1.535 CC e 78 CF.; art. 921, 922, 923, § 2º e 926 CC com origem na Lei nº. 6.404/76. Cf. Rudolf von Lhering - *apud* Walter Ceneviva, Advogado - Formalismo, formalidades e forma no novo Código Civil. AASP, 2004, pp. 87 a 95.

[16] Cf. George Ripert, *apud* Cibele Pinheiro Marçal Cruz e Tucci, *Teoria Geral da Boa-fé Objetiva*, Revista do Advogado, dez/2002, p. 101.

de associações religiosas, na prescrição aquisitiva de certos imóveis) e outros sujeito a restrições legais. [17]

→ Podem ser elaborados oralmente ou por escrito quando o registro desses contratos afirma a boa-fé dos que participam de negócios jurídicos, pela presunção de certeza daqueles assentamentos,[18] para que seja declarada de utilidade pública. No ordenamento jurídico brasileiro, os efeitos jurídicos do registro público são de três espécies:

a) Constitutivos[19] – sem o registro o direito não nasce.

b) Comprobatórios[20] – sendo o registro a existência da prova do negócio ou do fato ao qual se reporta.

---

[17] Cibele Pinheiro Marçal Cruz e Tucci, *Teoria Geral da Boa-fé Objetiva*, Revista do Advogado, dez/ 2002, p. 107. Arts. 113, 421 e 422 CC. – arts. 289, 501, 528, 576, 967, 985, 1.102, 1.136, 1.151, 1.247, 1.388, 1.420, § 3º, 1.485, 1.497, 1.516, 1.604, 1.714 CC. Formas codificadas 166, 167; salvo 212, 657, 1.332, 1.334, 100, 1.543, 1.546, 899, 915 CC. Formalidades codificadas 685, 968, § 2º, 1.103, VI, 1.129, 1.163 e 1.164, 1.185, 1.190, 1.526 e 1.527, 1.531, 28, § 2º e l.819 a 1.823 CC.

[18] Arts. 114 a 119 da Lei n.º 6.015/73.

[19] **a)** Arts. 45, 576, 971 (gera equiparação do ruralista ao empresário), 985 (aquisição de personalidade jurídica pela sociedade), 1.109 (extinção da sociedade após liquidação registrada): 1.151, § 2º (efeito constitutivo retardado, quando requerido fora dos prazos para assentamento da sociedade empresária ou da sociedade Simples). Em relação à propriedade imóvel art. 1.227 (só adquire o direito depois do registro); 1.245, § 2º (o alienante continua como dono do imóvel enquanto o registro não for cancelado); 1.275, parágrafo único (a perda da propriedade por alienação ou renúncia depende do registro para ter eficácia); 1.361 (o efeito constitutivo da propriedade fiduciária, ela se constitui pelo registro). No direito das coisas, arts. 1.391 e 1.410 (usufruto, quando não resulte de usucapião e sua extinção pelo cancelamento do registro); 1.500 (hipoteca cancelada pela averbação no registro, mediante prova eficaz); 1.420, § 1º (registro torna eficaz a propriedade superveniente); 1.437 (extinção do penhor é eficiente depois do cancelamento); 1.438 (constituição do penhor rural) e 1.448 (constituição do penhor industrial); 1.714 (rol dos direitos reais dependentes do assentamento imobiliário, do bem de família, seja quem for o instituidor); art. 985 para condicionar a aquisição de personalidade jurídica para a sociedade com a inscrição no registro próprio e na forma da lei, dos seus atos constitutivos (art. 45 e 1.150). Walter Ceneviva, Advogado – ASSP, julho 2004, pp. 87 a 95 – Formalismo, formalidades e forma no Código Civil.

[20] **b)** Art. 216 (traslados e certidões extraídos por tabelião ou delegado de registros têm força probante); art. 976 (permissão para o incapaz continuar a empresa, em caso de emancipação ou autorização); 1.000 (para inscrição secundária da sociedade simples é necessária prova do registro originário); 1.228, § 5º e 1.246 (define a eficácia do registro, comprovando a propriedade); 1.543 (certidão do registro de casamento); 1.603 (da filiação); 1.604 (provando erro ou falsidade no parentesco).

c) Publicitários e oponíveis aos terceiros[21] – nas suas características o ato registrado é acessível a todos.

→ Formalidades e forma para a prova, distinção do instrumento particular do instrumento público, provido este de fé pública e valendo aquele, como prova de obrigações convencionais de qualquer valor, para ter efeito a respeito de terceiros só após registro público, e que a tais efeitos e sua amplitude a possibilidade de registro de certos negócios jurídicos é extensa. A jurisprudência, não é pacífica quanto a aplicação dos direitos reais a certos negócios jurídicos e que dependa de registro.[22]

→ O instrumento para sua constituição poderá ser: Público ou Particular.

Será público se:

→ A sociedade objetivar bem imóvel.

→ Se tratar de S/A, não constituída em assembléia geral.

---

[21] c) Art. 1.378 (por meio do registro de imóveis, a servidão com declaração válida, torna-se oponível *erga omnes*); 522 (a cláusula de reserva de domínio se torna eficaz contra terceiros, com o registro no domicílio do comprador); 1.536 (a declaração do ato pelo presidente); 1.154 e 1.174 (direito de empresa, publicidade dos atos e oposição de terceiros); 46 (requisitos a serem declarados pelo registro da pessoa jurídica); 528, *In fine* (transfere-se para o registro a declaração de ciência da reserva de domínio, pelo comprador); 921 a 923 (não limita aos registros públicos oferecendo grande elenco de alternativas formais), 922 (com referência ao título nominativo emitido em favor de pessoa determinada, vinculam-se tanto a emissão como a transferência ao registro do emitente); 923 (endosso, contendo o nome do endossatário com o princípio da continuidade dos registros públicos, para averbação desde que comprovadas as assinaturas); 926 (o negócio e a medida judicial envolvendo títulos por objeto só produzem efeito perante o emitente e terceiros, depois de averbados no registro do emitente); 9° (nascimento, casamento e óbitos, emancipação por outorga dos pais ou por sentença do juiz. Interdição por incapacidade absoluta ou relativa e sentença declaratória de ausência e de morte presumida), 10 (cuida de averbações nos três incisos, no âmbito do direito de família), 45 (deverão ser submetidas ao registro e seus requisitos no art. 46, com extensão da força probante no 217 CC).

[22] Walter Ceneviva, advogado, AASP, julho 2004, pp. 87 a 95, Formalismo, formalidades e forma no Código Civil. arts. 212, 221, 501 CC.

→ Sociedade formada de corretor da Bolsa de Valores e seus auxiliares.

→ Não houver contrato por escrito, sociedade irregular ou de fato.[23] Nas questões entre sócios a sociedade só se provará por escrito, de modo que um sócio não poderá demandar contra o outro, sem exibir documento escrito de constituição da sociedade.

→ A Lei n.º 8.934/94 equipara-se a Lei n.º 6.015/73, Direito Comercial e Direito Civil, respectivamente, para o Registro de Empresas Mercantis (*Juntas Comerciais*). Pelo artigo de lei,[24] conseqüências formais de seu equivalente civil, tornando obrigatória a inscrição do empresário da respectiva sede, filial, sucursal no registro mercantil.

1.4 Prazo de duração

→ A sociedade poderá ser por tempo determinado ou indeterminado na fundamentação legal do artigo[25] do Código Civil.

→ Prazo determinado: – nenhum sócio terá o direito de retirar-se antes do termo ajustado, salvo, havendo justa causa, provada judicialmente.[26]

→ Prazo indeterminado: – a lei assegura a qualquer sócio retirar-se mediante notificação aos demais sócios, com antecedência mínima de 60 dias.

→ Na promessa de sociedade (*contrato preliminar*) será válido, produz obrigação de fazer e, não cumprindo, resolve-se em

---

[23] Art. 986 CC (*sociedade em comum de fato ou irregular*); arts. 967, 960, 968, 971, 974, 979, 980, 987, 1.150, 1.151, 1.154, 1.181, 1.245 e seguintes, 1.361, 1.388, 1.410, 1.603, 1.604 todos do CC.

[24] Walter Ceneviva, advogado, AASP, julho 2004, p.p. 87 a 95, Formalismo, formalidades e forma no Código Civil. Arts. 967, 960 CC.

[25] Art. 997, II CC.

[26] Art. 1.033 CC, c/c art. 1.044 CC.

perdas e danos. Tornando-se impossível a constituição da sociedade por motivos alheios à vontade dos contratantes, rescinde-se o contrato preliminar, com restituição destes.

1.5 Espécies de sociedades – Sociedade Simples

É importante notar que a sociedade simples não corresponde exatamente ao gênero *sociedade civil*. No âmbito do novo Código Civil, um prestador de serviços, organizado economicamente sob forma empresarial, teria de se estabelecer conforme as regras de um tipo dos societários aplicáveis às sociedades empresárias (*chamamos a atenção para o fato de que vai desaparecer a distinção entre sociedade civil e sociedade comercial. A sociedade simples admite a contribuição do sócio em serviços*).

A sociedade simples pode se constituir sob qualquer forma empresarial a que se refere os artigos [27] do Código Civil, e mesmo assim não se subordina às normas relativas ao empresário (*não deixa de ser simples*), conforme o artigo[28] do Código Civil, não podendo adotar, contudo, as formas anônimas (S/A) ou por ações, pois obrigatoriamente esses tipos societários são de sociedades empresárias.[29]

→ Quanto ao fim civil:

→ – Econômico de obter lucros. O novo ordenamento jurídico rompeu com esse sistema, criando as sociedades empresárias (*registro na Junta Comercial*), e as sociedades simples (*registro no Cartório Civil de Pessoas Jurídicas*); deixando de existir a figura de sociedade sem fins lucrativos. Passando a receber a denominação de associação, para os fins não econômicos.[30]

---

[27] Arts. 1.039 a 1.092 CC.
[28] Art. 985 CC.
[29] Arts. 982 e 983, parágrafo único CC. Coelho, Fábio Ulhoa, *Curso de Direito Comercial*, Saraiva, São Paulo, 2002, p. 64.
[30] Arts. 53 e 1.053 e seguintes CC, e a Lei n.º 6.404/76, art. 2º, § 1º, reformada pela Lei n.º 10.303/2001.

→ – Não econômico – não existe propósito de ganho *(religioso, literário e científico).*

→ Civil quanto aos bens – universal todos os bens presentes e futuros; e apenas quanto aos frutos e rendimentos. O conceito de coisas singulares ou coletivas foi desenvolvida no Código de 1916, em seu art. 54, onde as singulares, ainda que reunidas, se consideram isoladamente das demais e quando tratou das coletivas ou universais, quando agregadas a um todo, declinou expressamente no art. 57 que o patrimônio constitui uma universalidade que como tal subsiste, embora não conste de objetos materiais.[31]

→ Civil quanto aos bens particulares – só compreende os bens ou serviços especialmente declarados no contrato. É a forma mais comum de sociedade, e será civil seu foro.

→ O estabelecimento, uma universalidade de fato ou de direito?

→ O estabelecimento está conceituado entre os bens coletivos ou universais, que o direito chama de universalidades. O art. 89

---

[31] Marcos Paulo de Almeida Salles, Estabelecimento, uma universalidade de fato ou de diteito? AASP, 2003, p. 78. Para Clóvis Bevilaqua, juridicamente, bem é uma utilidade. O antigo Código Civil na sua parte geral, tratava e os classificava como "coisas" (*art. 43, bens imóveis; art. 47 bens móveis; art. 50, coisas fungíveis e consumíveis; art. 52 coisas divisíveis e indivisíveis; art. 54 coisas singulares e coletivas; art. 58 bens reciprocamente considerados; art. 65 bens públicos e particulares; art. 69 coisas que estão fora do comércio; art. 70 bem de família*). O novo Código Civil só se utiliza da palavra "bens", a partir do art. 79. Para Silvio Rodrigues, coisa é o gênero do qual bem é espécie, sendo que a diferença específica está no fato de que espécie inclui-se idéia de utilidade e raridade, tendo valor econômico e que possa ser objeto de apropriação pelas pessoas (*Direito Civil, Parte Geral, 21ª Edição, Saraiva, 1990, vol. I, pp. 134/137*). O art. 89, continua cenceituar os bens singulares mesmo que reunidos, são considerados independentes dos demais; e os coletivos ou universais (*universitas rum*), os que são agregados no todo. Os arts. 90 e 91, tratam as universalidades de fato (*universitas facti*) bens reunidos por vontade do homem com determinado fim (*biblioteca, rebanho*), e a universalidade de direito (*universitas juris*) sendo conjunto de coisas e direitos determinados pela lei e com carácter unitário (*herança, patrimônio e fundo de comércio*). Portanto, o acervo de bens que possam a vir integrar o patrimônio de uma pessoa, ou seja, garantias com valor econômico – Arts. 988, 989, 990 CC.

CC diz que: "são singulares os bens que, embora reunidos, se consideram de *per si*, independentemente dos demais". O art. 90 diz o seguinte: "constitui universalidade de fato, ou seja, coisa coletiva, a pluralidade de bens singulares que, pertinentes a uma mesma pessoa, tenham destinação unitária".

→ Ainda segundo Serpa Lopes "demonstraram Fadda e Bensa que a universalidade de fato é decorrente da vontade do homem, ao passo que a universalidade de direito depende da lei".

→ O novo Código Civil não reproduziu o disposto no art. 57, adotando a generalidade das coisas coletivas ou universais como pertencentes àquelas duas categorias: no art. 90, ao definir que "constitui universalidade de fato a pluralidade de bens singulares que, pertinentes à mesma pessoa, tenham destinação unitária", distinguindo a da universalidade de direito que no art. 91 consta como "o complexo das relações jurídicas de uma pessoa dotadas de valor econômico". Ao distinguir os bens em singulares e coletivos, mantendo no art. 89 a exclusão do âmbito dos bens coletivos ou universais, daqueles que "embora reunidos, se consideram de *per si*, independentemente dos demais". Pode-se entender que à luz do novo Código Civil, o patrimônio deixe de ser uma universalidade de direito e passa a ser uma universalidade de fato, pois se enquadra no tipo traçado pelo art. 90 e seu parágrafo único, enquanto a herança permanece uma universalidade de direito, pelo enquadramento legal na disposição do art. 91. O dispositivo no art. 1.143, por sua vez, que diz respeito especificamente à relação jurídica do trepasse do estabelecimento, não o enquadra na disposição do parágrafo único do art. 90, pois aquela universalidade do estabelecimento de modo unitário, por meio de negócios jurídicos de que ele assim seja objeto, ao passo que a disposição do parágrafo único do art. 90 autoriza apenas a prática de relações jurídicas adjetivando a circulação de cada um dos bens que compõem a mesma universalidade de fato. Diversa é a condição da massa falida que se universaliza em razão do complexo das relações jurídicas do empresário ou da sociedade empresária, em decorrência da pretensão legal solutório-liquidatária, objetivada pelo legislador, em respeito ao valor econômico que representam os créditos paritariamente assegurados pelo patrimônio do falido, não se podendo dar outro destino aos bens que compõem a universalidade que não a sua realização, visando à liquidação. Não é portanto o fato do estabelecimento haver sido reconhecido pela lei como uma universalidade, que o transforma em uma universalidade de direito. Continua sendo, tal como já concebida na doutrina, uma universalidade de fato.[32]

→ Nota-se que caiu por terra a classificação das sociedades conforme seu objeto, vigorando o critério subjetivo pelo qual as atividades são exercidas, sendo que o melhor critério distintivo entre as sociedades simples e sociedades empresárias reside apenas no exercício da atividade econômica organizada e profissional.[33]

Sociedades Empresárias

Juridicamente o empresário, ou a sociedade empresária é o sujeito de direito. O estabelecimento comercial é o objeto de direito, e a empresa no sentido atividade, é um fato jurídico.[34]

---

[32] Marcos Paulo de Almeida Salles, *Estabelecimento, uma universalidade de fato ou de direito?* AASP, 2003, p. 78.
[33] Arts. 966, 981, 997, 998 CC. Quais hipóteses, se incluiriam como mercantil e não mercantil; ou o que faria a distinção da sociedade – (*simples/ empresária*) de associação? Achamos que é quando se fizer presente o elemento de empresa da parte final do parágrafo único do art. 966 do CC (... *salvo se o exercício da profissão constituir elemento de empresa*). Com a unificação das obrigações, pressupõe, assim, com base em conceito comum às atividades civis e comerciais, o da atividade econômica, regulando-se pela atividade negocial, sob a figura da empresa e do empresário.
[34] Arts. 678 e 716 CPC.

Quanto ao fim comercial – deve existir sempre capital e fim lucrativo nas suas formas. Mudança significativa pelo novo Código Civil, consagrou a figura do empresário (*que produz ou faz circular bens e serviços*), e, que não reconhecidas pelo Código Comercial, as empresas prestadoras de serviços como sociedades comerciais, mas sim como sociedades civis (*registro em cartório civil de pessoas jurídicas*), contrapondo-o à do antigo comerciante (*intermediário que pratica a compra e venda habitual de produtos, com intuito de lucro*).

A sociedade empresária que explorar atividade intelectual, de natureza científica, literária, ou artística, e que tenha como elemento de empresa as referidas atividades, ao requerer seu arquivamento na Junta Comercial, deverá declarar expressamente no instrumento, que explora atividade econômica empresarial organizada, sendo, portanto, uma sociedade empresária, nos termos do artigo do novo Código Civil.[35]

As comerciais *(mercantis)* eram somente as que tinham seu registro na Junta Comercial,[36] *(as sociedades por quotas de responsabilidade limitada estavam sujeitas, à aplicação supletiva da legislação relativa às sociedades por ações, e na parte aplicável, às disposições da Lei das S/A. O contrato social de empresa de maior porte não deverá sofrer modificações significativas, com as alterações introduzidas pelo novo Código Civil).*

---

[35] Art. 966, *caput* e parágrafo único, e art. 982 CC.
[36] Arts. 991, 997, 1.039, 1.045, 1.052, 1.053 CC (*Decreto 3.708/19 art. 18*. Serão observadas quanto às sociedades por quotas de responsabilidade limitada, no que não for regulada no estatuto social, revogado, embora não haja menção expressa no novo Código, arts. 2.045 e 2.037 CC, a Lei de Introdução ao Código Civil em seu art. 2°, § 1°- define as hipóteses dentre as quais revogação tácita quando há incompatibilidade entre as suas disposições e as da lei nova ou quando esta regule inteiramente a matéria de que tratava a lei anterior). Hoje, se a sociedade limitada eleger a Lei das S/A como fonte de regência supletiva, estará obrigada às da lei, e as cláusulas contratuais contrárias, serão inválidas. Caso os sócios queiram mais liberdade para decisão, devem optar pela Sociedade Simples.

Com o novo Código Civil, empresa e estabelecimento passam a ser dois conceitos diversos, embora essencialmente vinculados, distinguindo-se ambos do empresário e da sociedade empresária.

A teoria dos atos de comércio é substituída pela moderna teoria da empresa e a categoria do fundo de comércio cede lugar à do estabelecimento, que segundo René Savatier é "todo o conjunto patrimonial organicamente agrupado para a produção".[37]

Comandita (*dois tipos de sócios*) – gerente ou solidário respondem solidária ou ilimitadamente.

→ Em nome coletivo – todos os sócios respondem solidariamente, sem distinção.

→ De capital e indústria (*duas categorias de sócios*) – os sócios de capital, são solidários e de responsabilidade ilimitada; os de indústria são simples prestadores de serviços.

Obs. - *Este tipo de sociedade desaparece com o advento do novo Código Civil.*

→ Em conta de participação (*duas categorias de sócios*) – os ostensivos garantem-se e se obrigam perante terceiros; os ocultos só se obrigam perante os sócios ostensivos.

→ Sociedade Limitada – os sócios respondem pelas obrigações até o valor do capital, mas todos respondem solidariamente pela integralização do capital social.

→ Os de sociedade anônima ou por ações – o capital é dividido em ações, sendo que os sócios chamados acionistas respondem pelo valor das ações que subscrevem ou adquirem.

→ As sociedades simples podem revestir qualquer dessas formas estabelecidas nas sociedades empresárias, exce-

---

[37] José Marcelo Martins Proença, mestre e doutorando em Direito Comercial USP; Marcia Regina Machado Melaré, especialista em Direito Comercial USP. AASP, agosto 2003, n.º 71, As sociedade limitada e novo Código Civil.

to anônima; quando isso acontecer prescreve o artigo de lei – salvo as exceções expressas, considera-se empresária a sociedade que tem por objeto o exercício de atividade própria de empresário sujeito a registro, e, simples, as demais.[38]

1.6 Efeitos jurídicos

→ Cláusulas nulas – é nula a cláusula que atribua todos os lucros a um dos sócios, ou subtraia o quinhão social de algum deles à comparticipação nos prejuízos (*esforços para o fim comum*). É lícita a estipulação que concede ao sócio sobrevivente a totalidade dos lucros, desde que esse direito seja extensivo a qualquer dos sócios. Com relação ao sócio de indústria (*tipo de sociedade desaparece com o advento do novo Código Civil*), existia regra especial que seria considerada.[39]

1.7 Relação entre os sócios

→ As obrigações dos sócios começam imediatamente com o contrato, se este não fixar outra data e terminam quando, liquidada a sociedade, se extinguirem as responsabilidades sociais. Novidade do Código Civil em vigor é a vedação de sociedade entre marido e mulher quando estes forem casados nos regimes de comunhão universal e separação obrigatória. Conforme despacho SG 04/03 da JUCESP – não será exigido informar o regime de bens dos sócios casados.[40]

---

[38] Arts. 982, 967 CC., art. 2º, § 1º da Lei n.º 6.404/76 das S/A, reformada pela Lei n.º 10.303/200.
[39] Arts. 981, 1.006, 1.007, 1.008, 1.009 e 1.055, § 2 º CC.
[40] Arts. 977, 997 CC.

1.8 Obrigação de indenizar as perdas

→ Cada sócio indenizará a sociedade dos prejuízos que esta sofrer, independente de culpa.[41]

→ Embora dissolvida a sociedade por qualquer dos modos (*vencimento do prazo de duração; o consenso unânime dos sócios; deliberação dos sócios; falta de pluralidade de sócios, extinção na forma da lei, autorização para funcionar*),[42] e subsista a responsabilidade dos sócios em todas as obrigações sociais (*pode ser dissolvida a requerimento de qualquer dos sócios, quando: anulada sua constituição e exaurido o fim social*),[43] dissolução por falecimento (*no caso de morte de sócio, liquidar-se-á sua quota, salvo: – se o contrato dispuser diferentemente; se os sócios remanescentes optarem pela dissolução da sociedade; se, por acordo com os herdeiros, regular-se a substituição do sócio falecido*),[44] observados também outros artigos.[45]

→ Verificação de culpa (*responde por perdas e danos o sócio que, tendo em alguma operação interesse contrário ao da sociedade, participar da deliberação que a aprove graças a seu voto*).[46]

→ Os sócios têm direito à indenização das perdas e danos que sofrem em seus bens por motivos de negócios sociais.[47]

---

[41] Arts. 927, parágrafo único, 186, 734, 750, 931, 932, 937, 938, 1.008 CC, e art. 37, § 6º CF., Responsabilidade civil objetiva e a teoria do risco criado: a) conduta, b) dano e, c) nexo causalidade e não há portanto que demonstrar a culpa do agente, sendo que no art. 7º, XXVIII, CF., há o dever implícito de demonstrar a culpa do agente.

[42] Art. 1.033 CC.

[43] Art. 1.034 CC.

[44] Art. 1.028 CC; "cláusula de falecimento" no contrato da sociedade tem que contemplar sucessores, vide exemplo no item 30, cláusula oitava deste trabalho.

[45] Art. 1.029 CC, seguintes.

[46] Art. 1.010, § 3º CC.

[47] Art. 1.001 e seguintes CC, 1.028 e seguintes CC.

→ Ação de indenização de dano por ato ilícito.[48]

→ Se o contrato não declarar a parte de cada sócio nos lucros e perdas, entender-se-á proporcional. Isto é, será equivalente à média do valor das quotas.[49]

→ O sócio investido na administração por texto expresso do contrato pode praticar, independentemente dos outros, todos os atos que não excederem os limites normais dela, uma vez que proceda sem dolo.[50]

→ Se a administração incumbir a dois ou mais sócios, não se lhes discriminando as funções nem declarando que só funcionarão em conjunto, cada um de *per si* poderá praticar todos os atos que na administração couberem.[51]

→ Em falta de estipulação explícita quanto à Administração, ou as deliberações, serão tomadas por maioria de voto.[52]

→ Para associar um estranho ao seu quinhão social, não necessita o sócio do concurso dos outros; mas não pode, sem aquiescência deles, associá-lo à sociedade.[53]

→ A exclusão de sócio pela sociedade somente poderá ocorrer em conformidade com o contrato social ou estatuto, e ou se houver desinteligência dos sócios.[54]

→ Havendo comunicação de lucros ilícitos, cada um dos sócios terá de repor o que recebeu do sócio delinquente, se este for condenado à restituição.[55]

---

[48] Arts. 1.011, e 927 (*responsabilidade objetiva*) e seguintes CC.
[49] Arts. 1.007; 972; 1.784 e seguintes CC.
[50] Art. 1.010 e seguintes CC.
[51] Art. 1.013 CC.
[52] Art. 1.010 e seguintes e 1.060 a 1.065 CC. – A sociedade limitada deverá apresentar, no mínimo, um administrador para condução dos negócios.
[53] Art. 1.003 CC.
[54] Art. 1.002 CC.
[55] Art. 1.009 CC.

→ Todos os sócios têm direito de votar nas assembléias gerais, onde, salvo estipulação em contrário, sempre se deliberará por maioria de votos.[56] *(exceção nas S/A)*

→ São dívidas das sociedades as obrigações contraídas em conjunto por todos os sócios, ou por algum deles no exercício do mandato social.[57]

→ Na dissolução da sociedade;[58] quando constituída por prazo determinado, e findo o prazo, dar-se-á por deliberação da totalidade dos sócios; por deliberação da maioria absoluta dos sócios. E após 180 dias, quando o capital for detido por um sócio; ou exaurido o objeto social (*no entanto, nenhuma dessas fontes legais se amolda à dissolução parcial, e que esta não visa a liquidação da sociedade, sendo seu objetivo a retirada do sócio, com a apuração dos haveres devidos a este*).

→ Outros casos previstos no contrato social; falência.[59]

→ Na liquidação do patrimônio social, tanto ativo como passivo, até que o saldo líquido seja dividido entre os sócios,[60] durante a sociedade sobrevive, só desaparecendo com a partilha dos bens sociais.

1.9 Novo Código Civil[61]

Reflexões de Sociedade Limitada

– O novo Código Civil, que entrou em vigor em 11 de janeiro de 2003, modifica o regime das sociedades por quotas de

---

[56] Art. 1.071 e seguintes CC.
[57] Art. 1.023 CC.
[58] Art. 1.033 e seguintes CC, arts. 665 e 674 CPC e/ou arts. 209 até 291 da Lei nº 6.404/76.
[59] Art. 1.044 CC.
[60] Art. 1.102 e seguintes CC.
[61] Lei n.º 10.406 de 10/01/2002.

responsabilidade limitada que passaram a se denominar "*Sociedades Limitadas*". O sistema jurídico pátrio sofreu alterações de conceitos, princípios e institutos. Para identificar os efeitos da não adaptação ao novo Código Civil, é preciso identificar quais serão as conseqüências na hipótese de uma sociedade limitada às novas disposições legais vigentes; o que poderá acarretar o impedimento dos registros dos futuros atos societários, e a ser considerada irregular, etc.[62]

– O novo ordenamento fixa o prazo de um ano após sua entrada em vigor, sendo que a Lei n.º 10.838/04, alterou recentemente em até 11 de janeiro de 2006, o prazo para que as sociedades limitadas atualizem o seu contrato social. Embora independente do prazo de adaptação dos contratos sociais das sociedades existentes,[63] cria novas regras quanto à modificação do contrato social, deliberações sobre alteração do contrato social, transformação, incorporação, cisão e fusão, sendo que constituição de nova sociedade ficará sujeita, de imediato, à nova legislação.

– Com o novo Código Civil dois são os tipos de empresário: o empresário individual (*exercido pela pessoa natural*) e a sociedade empresária (*exercido pela pessoa jurídica*); sendo que o termo empresário não assume a feição comum, mas técnico-jurídica, segundo a qual empresário é a pessoa (*empresário individual ou sociedade empresária*).[64]

– Também unificou pela base o direito obrigacional e, entre outras novidades de relevo, instituiu um livro denominado "o direito de empresa". E, "em relação à capacidade dos contratantes para celebrar contratos de sociedade, há na tecnologia jurídica três questões que merecem reflexão separada: a) o menor; b) o interdito; c) os cônjuges. Sendo a sociedade por quotas,

---

[62] Arts. 1.158, 2º e 3º CC. (*e os efeitos da não adaptação ao nCC*).
[63] Arts. 2.031 e 2.033 CC.
[64] Coelho, Fábio Ulhoa. *Curso de Direito Comercial*, op. cit., p. 64.

sociedade de pessoas, em que se não pode prescindir do elemento pessoal, difícil se torna conciliar a representação dos relativamente incapazes com o exercício das funções sociais. Tal decisão motivou a expedição do ofício-circular n.º 22, de novembro de 1976, pelo DNRC – Departamento Nacional de Registro de Comércio, que determinou às juntas comerciais a aceitação para fins de arquivamento dos contratos sociais nos quais figurassem menores impúberes, desde que suas quotas estejam integralizadas e não constem nos contratos sociais atribuições a eles, de poderes na administração. A participação do interdito nas sociedades empresárias também é matéria que tem suscitado controvérsia, havendo quem afirme que o interdito, mesmo representado ou assistido por seu curador, não pode participar como sócio de sociedade empresária. O artigo de lei[65], prevê que o sócio poderá ser excluído judicialmente, mediante iniciativa da maioria dos demais sócios, por incapacidade superveniente, procedendo-se à liquidação da quota do excluído, com base na situação patrimonial da sociedade à data da resolução, verificado em balanço especialmente levantado. Se o casamento obedece a outro regime, a sociedade fraudaria a lei reguladora dos pactos antenupciais, tornando comuns, em virtude do contrato de sociedade, bens que o ato antenupcial separara. Dar-se-ia, assim, ofensa à essência e irrevogabilidade desses pactos. A sociedade entre esposos deve, pois, considerar-se nula. A nulidade é de ordem pública (*Carvalho de Mendonça 1963, v. 3: 118*). No mesmo sentido a lição de Waldemar Ferreira (*1951, v. 1: 154*). Em sentido um pouco diferente, Teixeira (*1956: 45*) sustenta que não há nulidade absoluta na constituição de sociedade quotas de responsabilidade limitada entre cônjuges porque a fraude à lei não se pode presumir, sendo indispensável estudar cada caso, para se aferir a prática, ou não, de fraude à

---

[65] Requião, 1991, v. 1; 228, art. 1.030 CC.

lei. A nova regra legal, portanto, proíbe que os cônjuges casados no regime de comunhão universal de bens ou na da obrigatória contratem sociedade limitada entre si ou com terceiros.[66]

- Art. 45 CC – Começa a existência legal das pessoas jurídicas de direito privado com a inscrição do ato constitutivo no respectivo registro, precedida, quando necessário, de autorização ou aprovação do Poder Executivo, averbando-se no registro todas as alterações por que passar o ato constitutivo.

- Decai em 3 (três) anos o direito de anular a constituição das pessoas jurídicas de direito privado, por defeito do ato respectivo, contado o prazo da publicação de sua inscrição no registro.

- Quanto à cessão das quotas, não havendo disposição em contrário no contrato, poderá qualquer sócio ceder sua quota, total ou parcialmente, a quem seja sócio, independente da anuência dos demais, e a quem não seja sócio; se não houver oposição de sócios que representem mais de um quarto do capital social; e permanecem o cessionário e o cedente, pelo prazo de dois anos contados do registro da alteração, responsáveis solidariamente perante terceiros e a sociedade pelas obrigações ao tempo de sua participação. Portanto, permitida no todo ou em parte, a um ou aos demais quotistas, desde que não vedada pelo contrato social, a terceiros, permitida, se não houver oposição de sócios representando 25% do capital,[67] cessão de direito de preferência na subscrição de quotas, idêntica à cessão de quotas,[68] a responsabilidade do

---

[66] Manoel de Queiroz Pereira Calças. Mestre doutor PUC SP. A capacidade para contratar na sociedade limitada no novo Código Civil. AASP 2003, pp. 65 a 72. Parecer jurídico do DNRC/COJUR 125/03 a lei em respeito ao ato jurídico perfeito não atingiria as sociedades já constituídas. Como se trata de ato com eficácia administrativa, teriam os sócios que alterar o regime de casamento (*ação judicial*), ou um dos sócios se retirar.
[67] Art. 1.057 CC.
[68] Art. 1.081 CC.

sócio cedente responde solidariamente com o adquirente, pelo prazo de 2 (dois) anos, pelas obrigações por ele assumidas perante a sociedade e terceiros.[69]

– E a retirada de sócio (*cabe lembrar o novo Código Civil, que qualquer sócio de sociedade por tempo indeterminado, pode proceder à própria retirada e sem necessidade dos motivos, bastando notificação aos demais sócios com antecedência mínima de 60 dias; se de prazo determinado, provando judicialmente justa causa; nos 30 (trinta) dias subseqüentes à notificação, podem os demais sócios optar pela dissolução da sociedade*); na forma do contrato social, em casos omissos,[70] passando a depender do voto do sócio(*s*) titular(*es*) com capital social de no mínimo 75%.

– Nova denominação para os administradores; a administração da sociedade nada dispondo o contrato social, compete separadamente a cada um dos sócios ou mais pessoas sócios ou não (*ou em ato separado*)[71] não permitida por pessoa jurídica (*às pessoas naturais incumbidas da administração da sociedade, e seus poderes e atribuições*),[72] representação por meio de procuradores se prevista no contrato social,[73] por administradores (*ao administrador é vedado fazer-se substituir no exercício de suas funções, sendo-lhe facultado, nos limites de seus poderes, constituir mandatários da sociedade, especificados nos instrumentos os atos e operações que poderão praticar*), inclusive judicialmente,[74] para estabelecer a limitação de poderes, eventualmente alguns

---

[69] Art. 1.003 CC.
[70] Arts. 1.029 – relacionado ao direito de retirada e 1.033 – à dissolução da sociedade CC, (*Decreto-lei 3.708/19 e C Comercial revogado*).
[71] Arts. 1.013, 1.060 a 1.064 CC.
[72] Art. 997, VI CC.
[73] Art. 1.018 CC.
[74] Art. 1.022 CC.

atos não poderão ser praticados por procuradores ou administradores sem autorização dos sócios (*excesso por parte dos administradores*),[75] somente poderão ser destituídos com o voto dos sócios que representem 2/3 do capital social. (*Não apenas esta questão poderá suscitar dúvidas e controvérsias ao aumentar o quorum de deliberação da reunião ou assembléia geral de sócios para 2/3, como teria "desapropriado" o poder de comando e dominação do "antigo" sócio controlador, ferindo direito adquirido que já havia incorporado ao seu patrimônio e situação jurídica definitivamente constituída e, por conseguinte, viola o artigo da Constituição Federal*).[76]

— O sócio que atualmente, sendo titular de mais de 50% e menos de 75% do capital social, não tem o controle da sociedade e não poderá determinar o rumo da alteração contratual necessária para realizar a adaptação ao regime do novo Código Civil. Deliberações gerais (*maioria qualificada*) para alterações do contrato social, incorporação, fusão, dissolução, cessação de estado de liquidação da sociedade; sócios representando 3/4 do capital social.[77] Totalidade dos sócios (*a transformação da forma societária depende do consentimento de todos os sócios*), observada outra maioria prevista no contrato social; direito de recesso, o sócio dissidente poderá retirar-se da sociedade.[78] Demais deliberações (*maioria simples*), exceto nomeação de administradores. Todos os sócios serão vinculados (*quando por lei ou pelo contrato social, competir aos sócios decidir sobre os negócios da sociedade, as deliberações serão tomadas por maioria de votos contados segundo o valor*

---

[75] Art. 1.015 CC.
[76] Arts. 1.063, §§ 1º, 2º e 3º CC e 5º, XXXVI da CF.
[77] Art. 1.076 CC, ressalvado o disposto no art. 1.061 e no § 1º do art. 1.063; restringindo determinadas matérias os arts. 136 e 1.166 CC e a Lei n.º 6.404/76.
[78] Art. 1.114 CC (1.031 CC).

das quotas de cada um), ainda que ausentes à assembléia (deveriam recorrer ao judiciário na falta de regra estabelecida).[79]

– O sócio remisso, a sociedade deverá constituí-lo em mora para que integralize sua quota em até 30 (trinta) dias, sob pena de os demais sócios reduzirem sua participação ao montante naquele momento efetivamente pago ou tomar-lhe a quota e excluí-lo da sociedade. Não sendo o valor da quota do sócio remisso suprido por demais sócios ou por terceiros, o capital social deverá ser reduzido; também possível se houver perdas irreparáveis ou se, comprovadamente, for excessivo,[80] sujeita a impugnação por parte de credores sem garantia (quirografário) no prazo de 90 (noventa) dias.[81]

– No tocante ao capital social a ser integralizado, as regras que aumentam a responsabilidade dos sócios, criando obrigações que visam salvaguardar interesses de terceiros e da própria sociedade, em que todos os sócios são solidários e responsáveis pela exata avaliação dos bens que sirvam de lastro para o capital social, os quais não podem ser aumentados antes da total integralização (ressalvado o disposto em lei especial).[82] Integralização em moeda corrente ou bens, no prazo e condições estabelecidos no contrato (*o capital social divide-se em quotas, iguais ou desiguais, cabendo uma ou diversas a cada sócio*).[83] Forma e prazo (*a sociedade constitui-se mediante*

---

[79] Art. 59 CC, problema prático imposto ao fórum qualificado; 1.072 CC (1.010 CC).

[80] Art.1.082 CC, pode a sociedade reduzir capital, mediante correspondente modificação de contrato.

[81] Art. 1.084 CC.

[82] Arts. 1.081 CC, 289 C. Comercial, 53, III, "e" do Decreto 1.800/96 e 7º da Lei n.º 6.404/76.

[83] Art. 1.055 CC. (*art. 983 CC., a sociedade empresária deve constituir-se segundo um dos tipos regulados nos arts. 1.039 a 1.092 CC*).

contrato escrito, particular ou público, além de cláusulas estabelecidas pelos quotistas).[84] Integralização em bens, respondem os sócios solidariamente, pelo prazo de 5 (cinco) anos, pelo valor atribuído aos bens. Integralização por meio de serviços, vedada.[85] Em princípio, não há proibição legal às quotas preferenciais, sendo possível, com ou sem direito de voto, desde que previstas no contrato social. A deliberação sobre aumento de capital, representado por 3/4 dos sócios no capital social.[86] O direito de preferência, proporcional ao montante das quotas possuídas; prazo para subscrição não inferior a 30 (trinta) dias da data da deliberação;[87] poderá ser cedido a terceiros, observadas as condições previstas no contrato. Divisão em quotas de valores iguais ou não, indivisíveis perante a sociedade.[88] A subscrição: deverá ser totalmente subscrito quando da constituição.[89]

– Falecimento de Sócio – contrato social poderá dispor sobre o tratamento a ser dado às quotas pertencentes ao sócio falecido. Havendo omissão, a participação do sócio falecido será, em princípio, liquidada. Valor da liquidação atribuída aos herdeiros. Havendo acordo com os demais sócios, os herdeiros poderão ser admitidos na sociedade. Os sócios poderão deliberar pela dissolução da sociedade. A retirada ou falecimento não exime o sócio ou seus herdeiros da responsabilidade pelas obrigações sociais anteriores, pelo prazo de 2 (dois) anos da data do arquivamento do instrumento societário correspondente na junta comercial.[90]

---

[84] Art. 997 CC.
[85] Art. 1.055, § 2º CC.
[86] Art. 1.076 CC., ressalvado o disposto no art. 1.061 e no § 1º do art. 1.063; restringindo determinadas matérias os arts. 136 e 1.166 CC e a Lei n.º 6.404/76.
[87] Art. 1.081 CC.
[88] Art. 1.055 CC.
[89] Art. 997, IV, CC.
[90] Arts. 1.028 e 1.032 CC, "cláusula de falecimento" no contrato da sociedade tem que contemplar sucessores, vide exemplo no item 30, cláusula oitava deste trabalho.

– Exclusão de Sócio – por atos que possam pôr em risco a continuidade da empresa (*justa causa*);[91] ou aquele cujas quotas forem objeto de liquidação judicial (*sócio falido*) podem ser excluídos de pleno direito.

– No critério da JUCESP – na hipótese de doação, e em que o valor não for superior ao valor da isenção, a requerente deverá comprovar o recolhimento do imposto de transmissão da *causa mortis* e doação (*ITCMD*). Já no usufruto sobre quotas não retira o direito do sócio de votar nas deliberações sociais, salvo acordo entre as partes que deverá constar do instrumento de alteração contratual.[92]

– Valor das Quotas – as quotas deverão ser avaliadas segundo o disposto no contrato social (*retirada ou falecimento de sócio*); havendo omissão, a participação será avaliada com base na situação patrimonial da sociedade, determinada em balanço levantado para a data do evento. O valor pertencente ao sócio ou aos herdeiros, será pago em moeda corrente, no prazo de 90 (noventa) dias; o capital social será correspondentemente reduzido, a menos que suprido o valor das quotas pelos demais sócios.[93]

– Reunião de Sócios – convocadas pela administração; poderão ser convocadas pelos sócios, caso o administrador não o faça no prazo de 15 (quinze) dias da respectiva solicitação. As convocações serão feitas por escrito e dispensadas na hipótese da presença, na reunião, de todos os sócios.[94]

– Representação de Sócios – em princípio por outro sócio ou por advogado, em conformidade com o respectivo instrumento de procuração.[95]

---

[91] Art.1.085 CC.
[92] Arts. 1.026 e 1.030 CC; 548, 549, 1.829, I e II, 1.845; inovação, 1.848 – ato de doação só tem validade se não prejudicar os herdeiros, 1.911 todos do CC.
[93] Art. 1.031 CC.
[94] Arts. 1.071 e 1.072, § 3º, exceção à regra do *caput*, que parece prevalecer a maioria das vezes; redução 1.082, inciso II, todos do CC.
[95] Art. 1.074 CC – Rol de assuntos que dependem da deliberação.

- Reunião Ordinária – até o último dia útil do quarto mês seguinte ao encerramento do exercício social; e extraordinária a qualquer momento, mediante convocação da administração ou de sócios, e deliberar sobre assunto de interesse da sociedade.[96]

- Responsabilidade dos Administradores – os administradores responderão com seus bens pelas obrigações da sociedade (*abuso da personalidade jurídica*). Responderá o administrador que praticar ato em desacordo com decisão da maioria dos quotistas (*perdas e danos*). Os administradores respondem perante a sociedade e perante terceiros prejudicados (*culpa*). O administrador responde, pessoal e solidariamente com a sociedade, por atos praticados antes do arquivamento do instrumento de nomeação na Junta Comercial, se nomeado por instrumento em separado (*responsabilidade pessoal*).[97]

- Conselho Fiscal – órgão facultativo que será instituído a pedido dos sócios representando 3/4 do capital social; com no mínimo três conselheiros, sócios ou não, residentes no país; os sócios minoritários detentores de 20% do capital social poderão eleger, separadamente, um conselheiro; competência para examinar os documentos da sociedade, denunciando as falhas encontradas e responsabilidade igual à dos administradores. A quem interessa fiscalizar a empresa? – Claro que aos minoritários. Andou mal o legislador em não estabelecer o mesmo critério das S/A, o funcionamento era facultativo, mas a existência do órgão é obrigatória e sua instalação depende da vontade dos minoritários com o mínimo de 10% das ações ordinárias e 5% das preferenciais.[98]

---

[96] Arts. 1.078 e 1.072 CC.
[97] Arts. 50, 1.013, 1.016, 1.012 CC.
[98] Arts. 1.066, 1.069, 1.070 CC, Direito Acionário – Decreto-lei 2.627/40, em seu art. 124; que regulava a Lei das S/A, hoje 6.404/76.

- Conselho Consultivo – o contrato social deverá dispor sobre a forma, número de conselheiros, critério de eleição, função; sem impedimento.

- Exercício Social – lei continua omissa, matéria sujeita à legislação tributária; deverá abranger o período de 12 meses; o contrato social fixará a data do respectivo encerramento.

- Sede e Foro e nacionalidade – o contrato deverá indicar com precisão o foro e a sede da sociedade; as nacionais organizadas em conformidade com a legislação brasileira e que tenham no país a sede de sua administração; as estrangeiras que não atendam os pressupostos acima, dependem de autorização do Poder Executivo para funcionar no país, nos casos previstos em lei, poderá participar de S/A.[99] "A JUCESP aconselha ainda a utilizar a arbitragem para dissolução de conflitos; no contrato social deve constar cláusula expressa do foro judicial competente, ou cláusula arbitral para dirimir lides".

- Legislação Supletiva – o contrato social poderá prever que a sociedade ficará sujeita, supletivamente, à lei que rege as sociedades por ações.[100]

- Liquidação da Sociedade – na forma prevista no contrato social; do ato unilateral (*quando anulada sua constituição, ou exaurido o fim social e sua inexeqüibilidade*) ou ato societário que deliberou a dissolução, caso em que os sócios poderão nomear os liquidantes; havendo omissão do contrato social, na forma prevista novo Código Civil, em conformidade com os artigos,[101] ficou previsto que as sociedades limitadas, empresárias, serão dissolvidas de pleno direito, ou seja, sem necessidade de pleito por parte dos sócios; e por fim em alguns

---

[99] Arts. 1.126 e 1.134 CC.
[100] Art. 1.053 CC.
[101] Arts. 1.102, 1.087 c/c 1.044 e 1.033 e 1.034; 1.077 CC.(arts. 665 e 674 CPC, arts. 209 à 291 da Lei 6.404/76).

casos específicos que dissentir, como modificação do contrato, fusão da sociedade ou incorporação, nos 30 (trinta) dias subseqüentes à reunião que tiver deliberado.

Art. 51 CC – Nos casos de dissolução da pessoa jurídica, ou sendo cassada a autorização para seu funcionamento, ela subsistirá para os fins de liquidação, até que esta se conclua.[102]

- § 1º – Far-se-á, no registro onde a pessoa jurídica estiver inscrita, a averbação de sua dissolução.

- § 2º – As disposições para a liquidação das sociedades aplicam-se, no que couber, às demais pessoas jurídicas de direito privado.

- § 3º – Encerrada a liquidação, promover-se-á o cancelamento da inscrição da pessoa jurídica.

- Art. 52 CC – Aplica-se às pessoas jurídicas, no que couber, a proteção dos direitos da personalidade.

- Art. 985 CC – A sociedade adquire personalidade jurídica com a inscrição, no registro próprio e na forma da lei, dos seus atos constitutivos.[103]

- Art. 1.044 CC – A sociedade se dissolve de pleno direito por qualquer das causas enumeradas no art. 1.033, e, se empresária, também pela declaração da falência. É lícito estipular que, morto um de seus sócios, continue a sociedade com os herdeiros, ou só com os associados sobrevivos. Neste segundo caso, o herdeiro do falecido terá direito à partilha do que houver, quando ele falecer, mas não participará nos lucros e perdas ulteriores, que não forem conseqüência direta de atos anteriores ao falecimento.[104] Não havendo previsão de transferência das quotas por herança, o herdeiro não adquire a condição de sócio

---

[102] Termina a existência da pessoa jurídica; pela dissolução deliberada entre os seus membros, salvo o direito da maioria e de terceiros. Art. 44 CC, contradição.

[103] Arts. 45 e 1.150 CC.

[104] Da resolução da sociedade em relação a um sócio, art. 1.028 CC.

e a quota também não lhe será transmitida.[105] Por fim, deve ser observado que os direitos personalíssimos da quota social não são objeto do inventário, significando que o herdeiro não será, por exemplo, investido nos poderes de administrador porque a administração decorre de deliberação dos sócios e não do juízo do inventário.

- Art. 1.112 CC – No curso de liquidação judicial, o juiz convocará, se necessário, reunião ou assembléia para deliberar sobre os interesses da liquidação, e as presidirá, resolvendo sumariamente as questões suscitadas.[106]

- Parágrafo único – As atas das assembléias serão, em cópia autêntica, apensadas ao processo judicial.

- A responsabilidade do liqüidante, igual à dos administradores.[107]

- Art. 1.032 CC – A retirada, exclusão ou morte do sócio, não o exime, ou a seus herdeiros, da responsabilidade pelas obrigações sociais anteriores, até 2 (dois) anos após averbada a resolução da sociedade; nem nos dois primeiros casos, pelas posteriores e em igual prazo, enquanto não se requerer a averbação; e também são aplicáveis à partilha entre os sócios às regras da partilha entre herdeiros; o sócio de indústria®, porém, só teria direito a participar nos lucros da sociedade, sem responsabilidade nas suas perdas, salvo se o contrário se estipulasse no contrato. Se este não declarasse a parte dos lucros, entender-se-ia que ela seria proporcional à menor das entradas.[108]

- Art. 1.008 CC – É nula a estipulação contratual que exclua qualquer sócio de participar dos lucros e das perdas. Havendo

---

[105] Art. 993 CPC, pela redação da Lei n.º 5.925, de 01.10.1973.
[106] Art. 1.102 CC.
[107] Art. 1.104 CC.
[108] Veja art. 1.086 CC. (art. 1.784 e seguintes CC, combinado com art. 1.991 CC).

capital e juros, o pagamento imputar-se-á primeiro nos juros vencidos, e depois no capital, salvo estipulação em contrário, ou se o credor passar a quitação por conta do capital.

- Art. 1.009 CC – A distribuição de lucros ilícitos ou fictícios acarreta responsabilidade solidária dos administradores que a realizarem e dos sócios que os receberem, conhecendo ou devendo conhecer-lhes a ilegitimidade.

- Art. 1.053 CC e parágrafo único – A sociedade limitada rege-se, nas omissões deste capítulo, pelas normas da sociedade simples. Parágrafo único. O contrato social poderá prever a regência supletiva da sociedade limitada pelas normas da sociedade anônima. O legislador deixou à livre escolha dos sócios quando da elaboração do contrato social. Dispõe sobre a mesma matéria, não podendo conviver as duas regras em uma única sociedade. A diferença terminológica apresentada pelo *caput*, que utiliza o termo omissões, e seu parágrafo único, que utiliza o termo "regência supletiva", não pode levar o intérprete a entender que essas regras podem ser aplicadas para a mesma sociedade. Os dois dispositivos legais referem-se à norma supletiva que será aplicada à sociedade; em caso de omissão da norma principal, o parágrafo único foi incluído posteriormente, justamente para oferecer a opção de escolha pelas normas da sociedade anônima, em caso de lacuna legislativa. Assim sendo, se não houver previsão do contrato social acerca de regência supletiva, será aquela sociedade regulada supletivamente pelos dispositivos que regulam as sociedades simples. Por outro lado, caso os sócios, ao elaborarem o contrato social, quiserem a regência supletiva da lei das S/A, deverão expressamente fazê-lo em contrato. Assim fazendo restará afastada inteiramente a aplicação das normas da sociedade simples para a sociedade em questão. As conseqüências da escolha são inúmeras. Parece- nos ainda que a opção da regência supletiva das S/A, cabe melhor paras as sociedades limitadas de vários ou muitos sócios, nas quais a *affectio Societatis* não seja o estímulo principal da sociedade. Para as Sociedades Limitadas de poucos sócios, ou mesmo para as chamadas Sociedades Limitadas Familiares, parece-nos, em princípio, que melhor cabe a regência supletiva das Sociedades Simples, quando então nenhuma previsão de regência supletiva precisará constar no contrato social.

- Art. 1.150 CC – O empresário e a sociedade empresária vinculam-se ao Registro Público de Empresas Mercantis a cargo das Juntas Comerciais, e a Sociedade Simples ao Registro Civil das Pessoas Jurídicas, o qual deverá obedecer às normas fixadas para aquele registro, se a sociedade simples adotar um dos tipos de sociedade empresária.

- A figura do comerciante deu lugar à figura do empresário. Essa mudança não foi apenas nominal, mas também conceitual, sendo que o comerciante deixou de ser quem praticava atos de comércio com habitualidade e fins lucrativos, e passou a ser aquele que tenha o desempenho de uma atividade econômica. O Código Comercial não reconhecia as prestadoras de serviço como sendo sociedades comerciais, mas sim como sociedades civis. Com nova nomenclatura, (sociedades empresárias e sociedades simples), deixou de existir a figura de sociedade sem fins lucrativos, passando a receber a denominação de associação.

- Todo o livro I, do Código Comercial foi revogado, restando apenas em seu conteúdo o que trata do comércio marítimo (Comandita Simples).

- Exceção às regras dos tipos societários, sociedade limitada e por ações, mais comuns no Brasil, é a desconsideração da personalidade jurídica [109] sendo que a limitação da responsa-

---

[109] Desvio de finalidade ou Confusão patrimonial tratamento próprio nos arts. 50 e 1.016 CC; e no caso de simulação e fraudes arts. 102 a 113 C Com. e 158 a 167 CC. A justiça do Trabalho (*art. 2º, CLT, quem responde pelas obrigações trabalhista é o "empregador"; como não incluiu o sócio como empregador, o regime jurídico deve ser remetido para as normas do tipo societário*). No direito tributário art. 134, menção a responsabilidade a ser verificada na liquidação e 135, inciso III, alínea e CTN, atos praticados com excesso de poderes ou infração da lei, portanto só por ser sócio não é responsável tributário. A teoria da desconsideração da personalidade jurídica teve sua origem nos países da *common law*, principalmente nos Estados Unidos, onde é conhecida como *disregard of legal entity*.

bilidade dos sócios e administradores não será a mesma, por obrigações assumidas pela sociedade, no combate ao uso abusivo das limitações dos sócios, de modo a permitir fraudes ou condutas de má-fé (atos anuláveis), e principalmente caracterizado pelo desvio de finalidade (utilizado para fins estranhos à sua criação), ou pela confusão patrimonial (hipóteses suscetíveis de realização por quem administra a sociedade e não por quem seja somente sócio). Quando vigorava a chamada teoria da aparência, segundo a qual a pessoa da limitada não se confundia com as pessoas de seus sócios quotistas, sendo que os direitos e obrigações de uma limitada eram exclusivamente da limitada, e não poderiam ser cobrados de seus sócios quotistas além de suas respectivas responsabilidades. Caso a limitada deixasse de honrar qualquer de seus compromissos, sócios quotistas seriam responsáveis pelas obrigações até o limite de suas participações (desde que o capital esteja totalmente pago por todos os sócios), e seus bens não respondiam pelo excesso não honrado pela limitada. Portanto, a teoria da aparência, conforme as regras do novo Código Civil, não terá mais eficácia ampla, podendo ser aplicada a desconsideração da personalidade jurídica, pela qual a pessoa do sócio se confunde com a pessoa da sociedade, em casos de atos ilícitos e condutas de má-fé dos sócios.

- Outro aspecto do administrador (não sócio) que se confundia com a pessoa do sócio e respondiam com seu patrimônio pessoal por danos causados à limitada, e as perdas não seriam cobradas dos sócios administradores. Hoje no caso de culpa, os administradores respondem com seu patrimônio pessoal, juntamente com os sócios da empresa.

- Todas as deliberações nas empresas com mais de 10 sócios deverão ser tomadas em assembléias previamente convocadas por meio de edital e as atas serão publicadas em jornais.[110]

---

[110] Arts. 1.072 e 1.075 CC.

Todas as sociedades limitadas ficam obrigadas a apresentar balanço[111] anual e submetê-lo à deliberação dos sócios, depois registrar na Junta Comercial. Para redução do capital são necessários 75% dos detentores das quotas.

– Foram acrescentados dois novos conceitos: estado de perigo e lesão[112]. O primeiro torna nulo qualquer negócio jurídico no qual uma parte tenha assumido obrigação diante do temor de grave dano moral ou material à própria pessoa ou alguém de sua família. O segundo é o que anula o ato pela desigualdade de um dos contratantes, levando-os a assumir obrigação desproporcional, à outra parte.

– O ato singular isolado é examinado em função de uma visão que lhe serve de atributo da comercialidade. Partindo da idéia de que o desenvolvimento de uma atividade em forma de empresa dá lugar de fato a um complexo de atos concatenados e ligados entre si que somente abstraindo sua finalidade poderiam ser destacados e considerados intimamente, demonstra que a valorização jurídica do ato singular, realizado ocasionalmente ou sem caráter profissional, somente adquire caracterização comercial quando inserido no exercício da empresa, mesmo que mediatamente. E em função desta finalidade, mediata (quando houver necessidade do concurso de outro dispositivo legal para que haja o enquadramento do fato ao modelo legal) ou imediata (quando o fato enquadrar-se ao modelo legal imediatamente), de atender a produção de novos bens ou serviços, exercendo uma função produtiva ou de troca, socialmente relevante, que são qualificados como comerciais.[113]

---

[111] Arts. 1.065, 1.078, 1.179 a 1.195 CC.

[112] Arts. 156 (*inclui-se capítulo como causa anulatória do negócio jurídico*) e 157 (*inclui-se como vício da vontade, causa para anular negócio jurídico*).

[113] De Mello Franco, Vera Helena. São Paulo. Volume I, Revista dos Tribunais, 2001, pp. 36, 38, 39, 40, 41, 42, 43, 44, 45, 46 e 47.

- A atividade econômica é a atividade empresarial (Comerciais e Civis). Atividade, como o próprio termo indica, é um conjunto de atos. Porém, não qualquer conjunto de atos.[114]

- A atividade é um conjunto de atos tendentes ao mesmo objetivo. Este objetivo é o que vai só unificar os atos singulares, como definir a atividade. Isto é, se econômica; se ademais de econômica, empresarial e, quando empresarial, se civil ou comercial. Na pessoa jurídica; como ensina "Ascarelli"; está previsto no contrato social e confunde-se com o seu objeto social. Na pessoa física ele decorre do próprio exercício de atividade e daí é imputável ao sujeito, qualificando-o como o titular da atividade exercida.[115]

- Na disciplina jurídica de atividade, o sujeito da atividade é quem a exerce (pessoa física ou jurídica), é quem é o titular de direitos e obrigações. Cuidando-se de atividade, todavia, o requisito não é capacidade, mas sim habilitação.

- A capacidade é exigida para a prática dos atos singulares. "Com que se tem o empresário pessoa natural, o empresário em nome individual e a sociedade empresária. Claro, a prática da mercância, o exercício dos atos de comércio, a veiculação das relações jurídicas de direito comercial, o desenvolvimento de atividade econômica organizada, em resumo, o exercício da empresa, tudo uma coisa só, envolve a necessidade de um suporte ou uma base. Esta base é o estabelecimento e o mesmo integra o patrimônio da pessoa".[116]

---

[114] Barros, Washington. *Curso de Direito Civil Brasileiro*. S. Paulo, Saraiva, pp. 48, 49, 59 e 60.

[115] De Mello Franco, Vera Helena. São Paulo, Volume I, Revista dos Tribunais, 2001, pp. 48 e 49.

[116] Para Fábio Ulhoa Coelho, *Curso de Direito Comercial*, v. 1, p. 23 e segs. "empresa", significa atividade econômica organizada, não se confundindo com a sociedade empresária que a exerce, com o estabelecimento ou com a denominação ou "firma", individual (para empresário individual) ou social (para algumas sociedades, v.g., a sociedade em nome coletivo).

– Estes mesmo bens, se imóveis, portanto integrando o patrimônio, para uns, ou até, para outros, integrando o estabelecimento, terão tido uma avaliação aos fins de tributação específica. E todos têm um valor de mercado. Uns denominam este potencial de "aviamento", outros o chamam de "fundo de comércio" (que, aí, deixaria de ser sinônimo de estabelecimento). E, não faltam aqueles que o referem como "os intangíveis". Fábio Ulhoa Coelho, por exemplo, afirma que o aviamento é um atributo da empresa.[117]

– Mas, para o exercício de atividade a exigência é a de que seu titular esteja habilitado. E, assim é porque a disciplina de atividade é a matéria de direito público. Enquanto com relação aos atos singulares vai se discutir a capacidade ou incapacidade do agente e, assim sendo, a sua humanidade ou anulabilidade, quanto à atividade o que se discute é que se ela é lícita ou ilícita e a matéria está no âmbito do direito administrativo ou penal.

– Natureza Jurídica – pelo critério residual se a atividade não se enquadrasse como mercantil haveria de ser civil, preservado, para o fim empresarial, o objetivo de lucro, exceto para S/A. (Para distinguir o que é sociedade empresária e sociedade simples, tornou-se menos complicado o que era complexo. Decorre de análise subjetiva, uma vez que é preciso estabelecer consideração econômica e a atividade da empresa, para se enquadrar em uma ou outra. Outros fatores deverão vir à tona para uma análise dos fins econômicos e o estabelecimento de regras e fatores compatíveis ao ordenamento jurídico. Como exemplo aguardaremos doutrinas e jurisprudência).[118] Por atividade mercantil

---

[117] Empresa e estabelecimento - avaliação do Goodwill - Sergio José Du Lac Muller e Thomas Muller, AASP 2003, pp. 99 a 111. A avaliação do Goodwill não é simples. Até porque, e aliás, "o aviamento, tanto sob o ângulo econômico como jurídico, não é coisa, é um valor".

[118] Art. 2º, § 1º da Lei 6.404/76 das S/A, reformada pela Lei n.º 10.303/2001. Importante esclarecer que as modificações refletidas na nova legislação não alteram as bases da Lei 6.404/76.

devemos entender aquela desenvolvida sob a forma de mediação entre produção e o consumo, de tal sorte que vinculando a atividade com a mercadoria seja inconteste.

- Não discutindo se a atividade é nula ou anulável, o objeto de discussão é se é lícita ou ilícita, e somente os atos que a compõem são nulos ou anuláveis. Por isso a atividade é valorada isoladamente, de forma distinta daquela dos atos singulares; uma é de direito privado. A atividade, outra – de direito público.[119]

- No regime do ato jurídico isolado, o objetivo do legislador é a proteção do agente: ato praticado pelo absolutamente incapaz, é nulo; o ato praticado pela relativamente incapaz é anulável; o ato praticado sob erro, dolo ou coação é anulável. O regime jurídico da atividade visa, ao contrário, a proteger a coletividade: quem exerce uma atividade ilícita ou irregular, está sujeito a ver cessada essa atividade. Então, o regime do ato jurídico visa à proteção do agente – e o regime da atividade empresarial, visa proteção da coletividade. Por isso que o novo Código Civil abriga a inscrição do empresário no registro público de empresas mercantis. A nulidade, ou invalidade, se aplica exclusivamente aos atos jurídicos isoladamente. A atividade é lícita ou ilícita, regular ou irregular, mas jamais nessa seqüência de atos, mas ela, em si, não será nula. E mesmo uma atividade ilícita pode contar vários atos lícitos.[120]

- Ato de comércio, será despropositada a afirmação de que se trata de um problema (que se apresentava) insolúvel para a doutrina, um martírio para os legisladores e um enigma para a jurisprudência. Portanto, é de suma importância dar-se um conceito de ato de comércio, um dos elementos delimitadores da matéria mercantil, e a qualificação de uma pessoa como

---

[119] Coelho, Fábio Ulhoa, p. 61, *Lições de Direito Comercial. Teoria Geral de Direito Comercial*, 2ª edição 1995. Editora Maltese.
[120] Azevedo, Erasmo Valladão e Novaes França, AASP, agosto 2003, pp. 15 a 25. *A nova disciplina das sociedades*.

comerciante (hoje empresário).[121] Afirma o professor Darcy Arruda Miranda Júnior e que, desde logo, duas perguntas podem ocorrer: que atos dentre os jurídicos podem ser considerados mercantis? A prática de quais desses atos pode qualificar uma pessoa comerciante? Existem dois critérios para conceituar ato de comércio: o subjetivo, que procura definir ato de comércio partindo da noção de comerciante, ou seja, é o ato do comerciante no exercício de sua atividade mercantil. O objetivo parte da noção de comércio, ou ato de comércio, para o de comerciante, ou seja, atos de comércio o são independentes das pessoas que o praticam. Hoje, indagações parecem parcialmente respondidas pacificamente de que, na legislação em vigor, são empresários.

– Como o novo código veda a constituição de sociedade entre cônjuges quando estes forem casados sob o regime da comunhão universal de bens (atualizar os contratos à nova legislação até janeiro de 2006. Instrução Normativa DNRC, atualizar somente para as novas sociedades, ato jurídico perfeito, coisa julgada, direito adquirido, na Constituição Federal) ou da separação obrigatória,[122] seria mais apropriado que entre os requisitos do contrato social estivesse a declaração do regime de bens adotado pelos cônjuges. Com o Código Civil em vigor, e a permissão de modificar o regime de bens mediante procedimento judicial, apenas bastará que se processe a averbação junto ao órgão de registro, sem necessidade de alteração contratual. Em caso da separação obrigatória, se a sociedade preexistia, presumir-se-á manutenção do isolamento dos bens em relação ao outro cônjuge, preservar capital constituído em quotas, preservação da ordem patrimonial e os paradigmas da sociedade.

---

[121] Arruda Miranda Júnior, Darcy. *Curso de Direito Comercial*, parte geral, Editora José Bushatsky, 1974, pp. 87 e 88.

[122] Arts. 997, 1.641, I, 1.523, 1.639, I e 2.031 CC. Tramita no Congresso projeto de Lei n.º 6.960/02 que dá a seguinte redação ao art. 997: faculta-se aos cônjuges contratarem sociedade, entre si ou com terceiros.

– Na sociedade limitada, é possível, em ação de apuração de haveres pela retirada de sócios das sociedades, deferir a eles tutela antecipada parcial,[123] permitindo que executem o valor incontroverso, destacado do balanço (atualizado) exibido por remanescentes.[124]

– Aquele que se retira de uma sociedade limitada tem, independente de cláusula permissiva da fruição dos haveres imobilizados no período de permanência, direito de crédito, definido como o importe do valor patrimonial de sua quota.[125]

– Caso haja participação societária de empresa estrangeira: prova legal da existência da empresa e representante legal (procuração) com poderes de receber citação, e a respectiva tradução, por tradutor juramentado, bem como para pessoa física domiciliada no exterior. No novo Código Civil prevalece, portanto, a regra tradicional de que a sociedade estrangeira deve obter autorização do Poder Executivo para operar diretamente no Brasil. Para tanto examinar novo ordenamento,[126] que relaciona as indicações que devem aparecer nos contratos sociais de sociedades que não são sociedades anônimas, sendo que a que se aplica às sociedades limitadas, aponta que deve ser indicada a nacionalidade e sede dos sócios, se pessoas jurídicas. O DNRC reconheceu a constituição de sociedade limitada que tenha pessoa jurídica estrangeira como sócia.

– Caso haja participação societária de empresa pública, sociedade de economia mista, autarquia ou fundação pública, apresentar autorização legislativa publicada no Diário da União, Estado ou Município.

---

[123] Art. 273 CPC.

[124] Art. 1.065 CC. Agravo provido (*TJSP, 3º Câmara de Direito Privado; ag. de instr. n.º 4. 634-4/7 S. B. do Campo; Rel. Des. Ênio Zuliani; J. 02.04.1996; V.U.*).

[125] Art. 1.029 CC; Coelho, Fábio Ulhoa. *Manual D. Comercial*, S. Paulo. Saraiva, 1995 p. 149.

[126] Arts. 997, II e 1.134 e seguintes CC.

- Caso o sócio seja representado por procurador, deverá constar no contrato *(preferencialmente no preâmbulo)* a qualificação e assinatura do mesmo.[127]

- Estarão impedidas para serem administradoras ou sócias as pessoas condenadas por crime falimentar, impedidas por norma constitucional como o estrangeiro titular de visto temporário, e brasileiro naturalizado *(há menos de 10 anos)* ou domiciliado e residente no exterior; como exemplo empresa jornalística e radiodifusão, extração mineral etc.[128]

- Capacidade para ser sócio de Sociedade Limitada – a pessoa jurídica *(nacional ou estrangeira)*, e pessoa física desde que maior de 18 anos, ou menor emancipado, representado ou assistido.

- Administrador- Delegado deverá apresentar a declaração de desimpedimento. Não será exigida de menor impúbere *(menor 16 anos)* ou de seu representante.

- As expressões sócio- administrador *(usual hoje)* e diretor são semelhantes, para o titular do cargo com direito a usar e representar as sociedades simples e empresárias.

- A substituição do administrador por outro sócio, não titular da administração *(impedimento legal)*, poderá ser prevista em cláusula contratual.

- O capital da sede e filiais, na somatória, não poderá ser superior ao capital social, e atividades inerentes. No artigo de lei em que o legislador considerou como "estabelecimento todo o complexo de bens organizado para o exercício da empresa, por empresário, ou por sociedade empresária", combinado com artigo seguinte "pode o estabelecimento ser objeto unitário de direito e de negócios jurídicos, translativos ou constitutivos, que sejam

---

[127] Arts. 1.062, 1.063, 1.071 e 1.076 CC.
[128] Art. 222 CF. Instrução Normativa 32 de 19 de abril de 1991.

compatíveis com a sua natureza", e o subseqüente. A expressão "aviamento": Vera Helena de Mello Franco, traça com precisão os elementos do estabelecimento comercial, dividindo-os, convencionalmente, em bens corpóreos e incorpóreos, cabendo-nos avaliar o sentido desta separação. Lembrando que "Carnelutti, repudiando sua anterior concepção, via no aviamento uma qualidade do estabelecimento e configurou-o como o direito autoral, ou seja, como bem imaterial susceptível de constituir objeto de propriedade", tal qual as mais recentes concepções de *Vivante* sobre "a existência de um direito de propriedade sobre o aviamento, ou melhor, sobre a clientela, que com ele se identifica". A importância desta concepção acentua-se quando se trata de engenhosidade empresarial aplicada ao contrato de franquia; uma franqueadora *(proprietária de um nome conhecido e de sinais distintivos)*, outra *franqueada (com direito de utilizar mediante pagamento elementos que caracterizam o seu aviamento, e a explorá-la por sua conta e risco, obedecendo o regramento concebido pela primeira)*.[129]

– A correção monetária não se confunde com os juros, pois não constitui remuneração do capital, mas apenas um meio para assegurar a integridade da moeda no tempo.[130]

– Aos sócios representados, o contrato será assinado pelo representante legal, e aos assistidos, pelo sócio e por quem o assistir.

– Na deliberação majoritária, deverá constar no preâmbulo, por maioria do capital, o nome dos sócios que dela participam, bem como a exclusão de sócios, desde que não haja cláusula restritiva.

---

[129] Marcos Paulo de Almeida Salles, professor doutor USP. AASP, agosto 2003, n.º 71, pp. 73 a 79. Arts. 1.142, 1.143 e 1.144 CC.

[130] "Ao se falar em correção monetária sobre certo valor, importa em dizer que ela corresponde propriamente a esse valor, conquanto atualizado. Corresponde, portanto, ao próprio principal" (*RT 495/181*).

→ **Sociedade Unipessoal:** – o novo ordenamento, pela morte de um sócio, a sociedade de dois sócios admite a possibilidade, excepcionalmente, pelo prazo de 180 dias da data do falecimento, para que seja admitido novo(s) sócio(s). Portanto, não se dissolve, ficando a obrigação do único sócio de integralizar o capital social no ato. A constituição (*abertura*) fica vedada juridicamente, com fins de proteger o direito dos credores. Exceção,[131] a Empresa Pública, por exemplo, seu capital é subscrito pela União Federal, seu objeto é de exploração de atividade econômica e sua personalidade é de direito privado.

→ **Subsidiária Integral:** – a restrição contida no artigo[132] da lei das S/A, está em desacordo com os princípios gerais da atividade econômica da Constituição Federal (*A ordem econômica, fundada na valorização do trabalho humano e na livre iniciativa, tem por fim assegurar a todos existência digna, conforme os ditames da justiça social, observados os seguintes princípios; IX – tratamento favorecido para as empresas de pequeno porte constituídas sob as leis brasileiras e que tenham sua sede e administração no País*).[133] Portanto, a restrição da Instrução Normativa do DNRC deverá ser desconsiderada, sob pena de nulidade do ato administrativo.[134]

---

[131] Art. 1.033, IV, CC. Decreto-Lei n.º 900 de 29/09/69, definição de empresa pública "...entidade dotada de personalidade jurídica de direito privado, com patrimônio próprio e capital exclusivo da União, criada por lei para exploração de atividade econômica que o Governo seja levado a exercer por força de contingência ou de conveniência administrativa, podendo revestir-se de qualquer das formas admitidas em direito". A exemplo, EBCT – Empresa Brasileira de Correios e Telégrafos; BNDS – Banco Nacional de Desenvolvimento Econômico Social; Caixa Econômica Federal.

[132] Art. 251, da Lei 6.404/76 das S/A.

[133] Arts. 170 e 171 (*revogado*) 176, 222 todos da CF.

[134] Instrução Normativa n.º 72/1998, art. 60 do Decreto-Lei n.º 2.627/40 fica revogado uma vez que conceituava exclusivamente as empresas brasileiras. Em respeito a preservação do art. 251 a interpretação da CF, a subsidiária integral pode ser constituída, mediante escritura pública, tendo como única acionista outra sociedade.

- Para consolidar o contrato social por intermédio de um instrumento de alteração contratual, primeiramente as cláusulas alteradas, e na consolidação incluirá ou não o preâmbulo, ou somente as cláusulas anteriormente estabelecidas.

- A Forma do Distrato Social será por instrumento particular ou escritura pública, não importando a forma do ato de constituição.[135]

- Restrição do reconhecimento de firma – Da Prova Documental,[136] às reproduções dos documentos públicos, desde que autenticadas por oficial público ou conferidas em cartório, com os respectivos originais, fundamenta que a cópia do documento apresentado para arquivamento, autenticada na forma da lei, dispensa nova conferência com o original, podendo também a autenticação ser feita pelo *cotejo* com o original por servidor a quem o documento seja apresentado.

- Para suscitar incidente de falsidade; alteração do Código de Processo Civil, e pelo Projeto de Lei; "Exigências burocráticas inúteis, a presunção de autenticidade, no caso de '*Juris Tantum*', ou seja, admite prova em contrário, bastando atentar para o disposto em artigo de lei, ou o ato de reconhecimento de firma tem validade jurídica, seja qual for sua espécie, ou então, a lei deve admitir apenas e tão-somente o reconhecimento direto, acabando com as demais espécies por serem absolutamente inúteis".[137]

- Autenticação de Documento.[138]

---

[135] Vide item 30.

[136] A nova legislação amplia o tratamento das provas, eliminando burocracias com autenticação de documentos nos arts. 212 CC e seguintes, 365 CPC inciso III, combinado com art. 384 CPC (*nova redação*), 38 e 40 Decreto 1.800 de 30 de janeiro de 1996.

[137] Art. 390 CPC. Alteração do art. 369 CPC, pelo Projeto de lei n.º 2.805/97 art. 3º; Tribuna do Direito, abril 98. Novo ordenamento, art. 212 CC.

[138] Exceção art. 390 CPC.

– A Teoria da Aparência envolve os conceitos de boa-fé e de erro, não se confundindo, porém, com os mesmos. A boa-fé figura como um dos requisitos da aparência. E o erro é requisito tanto da boa-fé como da aparência. Na área das nulidades o erro anula e desfaz o ato viciado. Na área da aparência, ao contrário, o erro serve, justamente, não para anular, mas para salvar e convalidar o ato. A Teoria da Aparência corresponde à realidade e passa a valer como se fosse verdadeira, sendo atribuído pelo direito o valor jurídico a certos atos, que por si mesmos não teriam possibilidade de gerar efeitos legais, protegendo terceiros de boa-fé no trato habitual dos negócios. Assim, alguém que numa empresa senta no lugar do administrador, fala como administrador, é tratado como administrador e como administrador se apresenta, presume-se que tenha poderes naturais de um administrador, fazendo parecer crer, amparando tudo que faça ou deixe de fazer nessa qualidade. Em caso como receber citações e notificações em nome da empresa, autorização para assinar contratos, sem poderes para tanto, sendo descoberto depois, mesmo que contenha apenas uma assinatura, vez que trata de ato praticado por titular aparente do direito, o contrato será válido.[139]

– Sobre condições para o registro de comércio.[140]

– Sobre as pessoas jurídicas estrangeiras.[141]

– Sobre as sociedades de seguros privados.[142]

– Sobre profissões de artistas e de técnicos em espetáculos de diversões.[143]

---

[139] RT622/61, 643/95. Arts. 139, II e III, 140, 143, 157, § 2º,167, § 2º, 182, 190 CC.
[140] Decreto-lei n.º 341, de 17 de março de 1938; Lei 8.934/94, Decreto-lei n.º 1.800 de 30 de janeiro de 1996.
[141] Art. 1.134 CC, art. 11 da lei de introdução ao Código Civil, Decreto-lei n.º 383, de 18 de abril de 1938, arts. 3º e 6º, e Decreto n.º 3.016, de 24 de agosto de 1938.
[142] Decreto-lei n.º 73, de 21 de novembro de 1966.
[143] Lei n.º 6.533, de 24 de maio de 1978, e Decreto n.º 82.385, de 5 de outubro de 1978.

- Sobre situação jurídica de estrangeiro.[144]
- Sobre radiodifusão.[145]

Os Impedidos de Comerciar

- Pessoas Absolutamente Incapazes.[146]
- São absolutamente incapazes de exercer pessoalmente os atos da vida civil:

I. os menores de 16 (*dezesseis*) anos;

II. os que, por enfermidade ou deficiência mental, não tiverem o necessário discernimento para a prática desses atos;

III. os que, mesmo por causa transitória, não puderem exprimir a sua vontade;

- Pessoas Relativamente Incapazes.[147]
- São incapazes, relativamente a certos atos, ou à maneira de os exercer:

I. os maiores de 16 (*dezesseis*) e os menores de 18 (*dezoito*) anos[148];

II. os ébrios habituais, os viciados em tóxicos, e os que, por deficiência mental, tenham o discernimento reduzido;

III. os excepcionais, sem desenvolvimento mental completo;

IV. os pródigos.

Parágrafo único. A capacidade dos índios será regulada por legislação especial.

---

[144] Lei n.º 6.815, de 19 de agosto de 1980.

[145] Arts. 4º e 6º do Decreto-lei n.º 236, de 28 de fevereiro de 1967.

[146] Arts. 3º, 198, I e 972 CC.

[147] Art. 4º CC, critério estabelecido pela JUCESP, a prova de emancipação do sócio menor de 18 anos e maior de 16 anos, deverá ser arquivada em separado, simultaneamente com o contrato.

[148] Arts. 104 e seguintes CC.

Os proibidos de Comerciar

*As leis criam incompatibilidades para o desempenho de certos serviços, funções ou cargos, e o exercício de atividade comercial sendo em regra proibidos de comerciar (*O Código Comercial brasileiro não reconhecia as prestadoras de serviços como sendo Sociedades Comerciais, e sim como Sociedades Civis. Portanto, era requisito essencial para registro na JUCESP as que praticavam atos de comércio com fins lucrativos. Hoje, foi criado com o novo ordenamento as Sociedades Empresárias com registro na JUCESP; e as Sociedades Simples registradas no Cartório de Registro Civil de Pessoas Jurídicas. Deixando de existir a figura de sociedade sem fins lucrativos, recebendo a denominação de associação as pessoas que se organizam sem fins econômicos*):

I. os funcionários públicos civis *(união, estado, território e municípios)*;

II. os militares da ativa das três armas;

III. os magistrados;

IV. os corretores e leiloeiros;

V. os cônsules, salvo os não remunerados;

VI. os médicos,[149] para o exercício simultâneo da medicina e farmácia, drogaria ou laboratórios farmacêuticos.*(A contrário senso. Com o novo ordenamento os médicos que não eram tidos como comerciantes, hoje no exercício de sua profissão por constituir elemento de uma empresa, esse profissional é denominado como empresário, dado a relevância econômica, e não como uma atividade intelectual).*

---

[149] O assunto não será pacífico sem a doutrina e jurisprudência.

VII. os falidos *(a lei só permite ao falido exercer o comércio depois da sentença declaratória da extinção das suas obrigações; se, porém, estiver condenado ou respondendo por processo atinente a crime falimentar, poderá voltar a exercer o comércio somente depois de obter, por sentença, a extinção de suas obrigações, após o decurso de três anos ou cinco anos, contados do dia em que termine a execução, conforme disposto nos artigos[150] da nova lei de falência-liquidação judicial).*

VIII. os estrangeiros não residentes no país.

*Nota: A proibição prevista em lei se limita à constituição e exercício de firma individual, e não veda participação em sociedade comercial como acionista, quotista ou sócio comanditário. Portanto, esta proibição de caráter pessoal permite ao cônjuge *(não entre marido e mulher)* o exercício do comércio; desde que fique provada a obtenção de vantagens em função do cargo, sofrerá punições civis ou criminais e administrativas.

Pessoas Jurídicas – Parte Geral, Livro I, Título II, Capítulo I do Código Civil.[151]

– Conceito de Silvio Rodrigues : "...pessoas jurídicas, portanto, são entidades a que a lei empresta personalidade, isto é, são seres que atuam na vida jurídica com personalidade diversa da dos indivíduos que os compõem, capazes de serem sujeitos de direitos e obrigações na ordem civil".

---

[150] Arts. 138 e 197, Lei n.º 7.661/45 Lei das Falências *(revogada)*... Projeto de lei n.º 4.376-A/93; nova Lei n.º 11.101 de 09 de fevereiro de 2005.

[151] Arts. 40 a 52 CC. Silvio Rodrigues. *Direito Civil*, 34ª ed., Saraiva, 2003, 1/86. Pontes de Miranda. *Tratado de Direito Privado (atualizado por Vilson Rodrigues Alves)*, Bookseller, 199, p. 1/345. Define os direitos da personalidade arts. 11 a 21 CC (*sendo que 12 a 15 e 19 de aplicação exclusiva às pessoas naturais; e 15 a 18 e 20 são também para as pessoas jurídicas*), e art. 5º, inciso X, CF.

- Pontes de Miranda: "As pessoas jurídicas, como as pessoas físicas, são criações do direito; é o sistema jurídico que atribui direitos, deveres, pretensões, obrigações, ações e exceções a entes humanos ou a entidades criadas por esses, bilateral, plurilateral (*sociedade, associações*) ou unilateralmente (*fundações*).

- Portanto, pessoas jurídicas não se confundiam com seus indivíduos, componentes da sociedade, associações. A evolução do instituto da personalidade jurídica se deu lentamente, e a origem dos estudos desde o direito romano e após sua queda, surgiu o direito canônico de 1917 (*instrumento jurídico da igreja*), tendo que lidar com as questões da estrutura coletiva e individuais da época. Mesmo com advento do Código Comercial da 1850, não se reconhecia a personalidade jurídica. Ainda com esforço das ordenações Filipinas e do Decreto n.º 2.318, de 22 de dezembro de 1858, o direito positivo não havia prosperado, em matéria que tratasse de personalidade jurídica. O Código Civil de 1916, de Clóvis Beviláqua que considerou as pessoas como sujeitos de direito com atributos de pessoa natural e pessoa jurídica, subdividindo-as em duas categorias: direito privado e direito público (*interno e externo*). Com a revogação do Código de 1916, o Código de 2002 vem restabelecer a qualificação de pessoas jurídicas.

- Sociedade de Pessoas – são aquelas em que as qualidades pessoais dos sócios são imprescindíveis para a existência da sociedade, que aduz sobre as condições subjetivas dos sócios, podendo comprometer o sucesso da empresa, garantindo o direito de veto para o ingresso de terceiros.[152]

- Segundo prescrição do art. 983 CC, primeira parte, as sociedades empresárias podem assumir as seguintes formas comerciais:

---

[152] Art. 334 C.Com.

– Nas sociedades em nome coletivo, ou sociedade de responsabilidade ilimitada, todos os sócios respondem solidária e ilimitadamente com os seus bens particulares pelas dívidas sociais, sendo chamados os sócios para saldar os compromissos em nome da sociedade. Peculiaridade – por ser uma sociedade personalíssima (*sociedade contratual e de pessoas*), com a morte de um dos sócios ela desaparece. Administração atribuída a apenas um dos sócios. Responsabilidade dos sócios é sempre subsidiária em relação a sociedade. Tem origem na Idade Média.[153]

– Nas sociedades em comandita simples (*Sociedade Mista, Contratual de pessoas; origem de negócios marítimos*), tomam parte os sócios de duas categorias: os comanditados, as pessoas físicas, responsáveis solidária e ilimitadamente pelas obrigações sociais, e os comanditários, obrigados somente pelo valor de sua quota; no contrato deve discriminar os comanditados e os comanditários. Sem prejuízo da faculdade de participar das deliberações da sociedade e de lhe fiscalizar as operações, não pode o comanditário praticar qualquer ato de gestão, nem ter o nome na firma social, sob pena de ficar sujeito às responsabilidades do sócio comanditado.[154] Peculiaridade: pode o contrato fixar o nome apenas de um administrador, se não o fizer, todos os comanditários poderão ser administradores; enquanto administradores responderão de forma ilimitada e solidariamente durante a gestão (*os bens particulares dos sócios não respondem pelas dívidas da sociedade, senão nos casos previstos em lei, o sócio, demandado pelo pagamento da dívida, tem o direito a exigir que sejam primeiro executados judicialmente os bens, nomeando bens da sociedade sitos na comarca e desembaraçados, quanto bastem para o débito*).

---

[153] Arts. 1.039 CC, 316 e 317 C.Com, 596 CPC.
[154] Arts. 1.045 CC, 311 e 314 C.Com, 596 CPC.

- Nas sociedades de capital e indústria (*sociedades mistas ou híbridas*, valorizavam tanto as qualidades pessoais dos sócios, quanto o capital que os mesmos traziam para sociedade contratual de pessoas), o capitalista entrava com o capital e respondia pelas obrigações sociais ilimitadamente e o sócio de indústria entrava com seu conhecimento e trabalho, e não respondia por nenhuma das obrigações, sequer subsidiária, por isso lhes era vetada a participação na gerência. Peculiaridade: cláusulas específicas para o trabalho exercido e qual a parcela nos lucros, no ato constitutivo. A razão social, composta pelo nome dos sócios de capital, poderia ser em nome coletivo se fossem dois ou mais sócios, ou em nome individual.

Obs: Este tipo de sociedade desaparece com o advento do novo Código Civil.[155]

- As sociedades em conta de participação (*único caso de sociedade não personificada e de pessoas*) distinguem-se das outras sociedades, sendo que entre os sócios existe um contrato de uso interno. Não tem sede, nome, capital, nem personalidade jurídica, e não aparece perante terceiros. Nada impede seu registro, títulos e documentos, para melhor resguardo dos contratantes. Não é irregular, pois a lei admite, embora tenha sociedade secreta e seja despersonalizada. A sociedade não poderá requerer concordata ou falência. Em 1986 o Direito Tributário passou a equipará-la aos demais tipos societários no que concerne ao imposto de renda. Funcionamento da interpretação literal desta sociedade: pode-se entender como Conta – procede de uma conta corrente comum aos sócios Ostensivos e Ocultos, que traduz monetariamente as operações realizadas. De Participação – indica que os sócios participem da divisão dos lucros. Exemplo desta sociedade, aplicações em fundos realizadas pelos bancos. O banco (*sócio ostensivo*) tem

---

[155] Art. 1.055, § 2º CC.

um contrato com seus clientes (*sócios ocultos*) para aplicar valores depositados, dividindo com estes os lucros recebidos pela participação. A responsabilidade é do sócio em nome do qual os negócios são realizados (*sócio ostensivo*).[156]

– Na Sociedade Limitada, a responsabilidade de cada sócio é restrita ao valor de suas quotas, mas todos respondem solidariamente pela integralização do capital social.[157] Uma vez integralizadas as quotas de todos os sócios, nenhum deles pode mais ser chamado para responder com os seus bens particulares pelas dívidas da sociedade. As obrigações da sociedade estendem-se aos bens particulares dos sócios em caso de abuso da personalidade jurídica (*desconsideração da personalidade jurídica*). O sócio ingressa para contribuir com o fundo social; e, na medida em que paga o que subscreveu, vai integralizando o capital social. O capital social divide-se em quotas, iguais ou desiguais, cabendo uma ou diversas a cada sócio. A quota é indivisível em relação à sociedade, salvo para efeito de transferência, caso em que se observará o disposto no artigo seguinte; na omissão do contrato, o sócio pode ceder sua quota, total ou parcialmente, a quem seja sócio, independentemente de audiência dos outros, ou a estranho, se não houver oposição de titulares de mais de 1/4 do capital social. A cessão terá eficácia quanto à sociedade e terceiros, inclusive para os fins (*até 2 anos depois de averbada a modificação do contrato, responde o cedente solidariamente com o cessionário, perante a sociedade e terceiros, pelas obrigações que tinha como sócio*), a partir da averbação do respectivo instrumento, subscrito pelos sócios anuentes. São dessa categoria, sociedade por quotas e as S/A.

---

[156] Arts. 991 CC, 325 a 328 C.Com.
[157] Arts. 50, 1.003, 1.052 e 1.055 e seguintes CC (art. 2º "*In Fine*" Decreto 3.708 de 1919 revogado).

- A Sociedade Anônima ou companhia admite as seguintes características (*sociedades institucionais e de capital*):[158]

I. Os grandes empreendimentos.[159]

II. Admite-se hoje mínimo de dois acionistas; anteriormente o número de acionista era de sete. No conceito tradicional de sociedade da Lei das S/A, em seu art. 251, permite um único acionista.

III. Influência das sociedades anônimas na economia política, em que o acionista minoritário tem um controle mínimo sobre ela. S/A abertas contribuem para distribuição da perda.

IV. Ao contrário dos outros tipos de sociedade na característica da impessoalidade, visa-se apenas ao capital, dispensando qualidade ou aptidões dos acionistas.

V. Na divisão do capital social em ações (*dividido ou fracionado*) em pequenas partes rigorosamente iguais.

VI. Da comercialidade (*é sempre comercial*), qualquer que seja seu objeto.

VII. As S/A são abertas ou fechadas, predominando a subscrição pública e a democratização do capital, fiscalizadas pela comissão de valores mobiliários; e as fechadas não lançam suas ações em bolsa (*ao público*), respectivamente.

VIII. As S/A de capital determinado ou de capital autorizado, sendo que o determinado ou fixo se constitui com o capital

---

[158] Art. 84 da Lei n.º 6.404/76 (*ato constitutivo*), arts.1.088, 1.134 CC. (*art. 1º da Lei 4.131/62, Decretos 2.627/40, arts. 60, 64 a 72; 4.657/42, art.11, regulamentam a entrada de capital estrangeiro*).

[159] Art. 298 da Lei n.º 6.404/76 das S/A, reformada pela Lei n.º 10.303/2001. No mercado internacional com *status* de sociedade internacional: OMC, que serve de instrumento para sociedades comerciais que atuam no mercado globalizado, com semelhança da SAE – Sociedade Anônima Européia; EMA – Empresa Multinacional Andina que são pessoas jurídicas de direito supranacional (*garantia de livre concorrência*).

inteiramente subscrito; e o autorizado pode constituir-se com a subscrição inferior ao capital declarado nos estatutos, não havendo necessidade de permissão da assembléia geral, dando poderes à diretoria para as novas realizações de capital.

IX. Nome – designa-se a sociedade anônima por um nome que poderá anteceder ou finalizar, por extenso ou abreviadamente; ou ainda antepondo-se à palavra "*Cia.*" ou "*Companhia*". Pode também empregar o nome de seu fundador, ou indicar o ramo explorado.

X. A responsabilidade dos acionistas restringe-se à integralização das ações por ele subscritas. Os acionistas controladores responderão pessoalmente pelos danos causados por atos praticados com culpa ou dolo ou com abuso de poder.[160]

– Sociedade Comandita por Ações (*sociedades híbridas – institucionais de capital, por não poder constituir conselho de administração, não podem adotar esquema de caráter autorizado, nem emitir bônus de subscrição*).[161] Só os acionistas podem ser diretores ou gerentes, nomeados pelo estatuto próprio; não se aplicam as regras referentes ao conselho de administração.[162] Somente podem ser destituídos por uma maioria de 2/3, respondendo (*sócios comanditados, capital dividido por ação, características comandita Simples e S/A*) ilimitadamente com os seus bens particulares pelas obrigações sociais. A denominação ou razão social deverá ser acrescentada ao complemento "comandita por ações", usando somente o nome

---

[160] Arts. 117, 158, 159 e 165 da Lei n.º 6.404/76 das S/A.
[161] Arts. 1.090 CC e 280 da Lei n.º 6.404/76 das S/A.
[162] Art. 284 da Lei n.º 6.404/76 das S/A, aumento de capital e emissão de bônus de subscrição.

dos sócios-diretores ou administradores. Os comanditários respondem limitadamente, até o valor das ações integralizadas.

- Da sociedade não personificada (*exemplo único; sociedade em conta participação*), sociedades irregular ou de fato (*sociedade em comum pelo novo Código Civil*) é a que não possui contrato social ou não tem o contrato registrado na Junta Comercial ou no registro civil das pessoas jurídicas, conforme seu objeto (*ramo de atividade*) comercial ou de serviços. A sociedade irregular tem contrato escrito, mas sem registro (*junta ou cartório*). A sociedade de fato não tem o contrato escrito, ambas não têm responsabilidade jurídica plena, mas limitada ou reduzida.[163]

Empresa Inativa

Do aviso de continuidade das atividades,[164] a empresa mercantil que não proceder a qualquer arquivamento no período de 10 anos deverá comunicar à Junta Comercial, sob pena de ser considerada inativa, ter seu registro cancelado e perder automaticamente a proteção de seu nome empresarial, ou apresentar comunicação de paralisação temporária de atividades (*modelo anexo*).[165]

Reflexões Empresário Individual

- Podem exercer a atividade de empresário individual, as pessoas que se encontrarem em pleno gozo da capacidade civil e não

---

[163] Arts. 986 a 990 CC e arts. 301 a 305 C.Comercial – Sociedade em comum; arts. 991 a 996 CC e arts. 325. a 328 C.Comercial – Sociedade em Conta Participação; derrogado o disposto no anterior art. 20, § 2º; art. 12 inciso VII e § 2º CPC.
[164] Art. 48 do Decreto 1.800/96.
[165] Conforme Instrução Normativa n.º 52 de 6 de março de 1996.

forem legalmente impedidas. A lei civil básica não admite que o incapaz exerça atividade de empresário, porém, contempla uma única e excepcional situação de exercício empresarial – quando o incapaz autorizado por alvará judicial continua a exercer atividade exercida, por ele mesmo, quando era capaz, ou exercida por seus pais ou pelo autor da herança.[166]

– Atividades cujo exercício pelo empresário individual depende de aprovação prévia por órgão governamental:

a) radiodifusão de sons ou de sons e imagem;

b) pesquisa, lavra, exploração e aproveitamento de recursos minerais;

c) colonização e loteamentos rurais.

Nota: Jornalismo e Radiodifusão, somente pode ser empresário Individual, ou seu preposto, brasileiro nato ou naturalizado há mais de 10 anos, e nos casos acima "b" e "c": brasileiro.

– Empresário Individual sujeito à fiscalização por órgão profissional que regulamente.

– Peculiaridade – no nome só usa "firma" ou razão individual. Não é pessoa jurídica, não é sociedade.

– Pessoa Física não poderá ser titular de mais de uma empresa individual.

– No caso de redução de capital, e o interessado não apresentar certidão negativa de débito junto ao INSS, a Junta Comercial solicitará esta informação, com exceção do FGTS ou em faixa de fronteira.

---
[166] Arts. 972 e 974 CC.

- No caso de alteração de nome comercial da Sede no Estado, altera-se, sem necessidade de apresentação de novos formulários para as filiais. Fora do Estado, arquivar, nas Juntas Comerciais dos outros Estados, cópia da anotação com a chancela da Junta Comercial da Sede.[167]

- Aos empresários individuais não se aplicam; transformação, Incorporação, cisão e fusão.

- Aos empresários individuais ME ou EPP que durante 5 anos não tenham exercido atividade econômica de qualquer espécie, independente da prova de quitação de tributos e contribuições para com a fazenda nacional, bem como as registradas anteriormente a 1º de janeiro de 1978, a Junta Comercial deverá solicitar à Fazenda Pública Estadual e Municipal e ao INSS certidão negativa de débito.

- O cancelamento do Empresário Individual se dará por simples requerimento, por falecimento do titular (*solicitado pelo inventariante*), por decisão administrativa ou judicial; neste caso caberá à Junta comunicar o cancelamento aos órgãos competentes.

- Nas solicitações de sucessão, os dois processos devem vir em capa marrom, mesmo que uma das empresas seja "firma individual".

- Por não constituir pessoa jurídica o empresário individual, sua responsabilidade é ilimitada, pois não há separação entre o patrimônio da empresa e o patrimônio pessoal do titular. As dívidas da empresa e as dívidas pessoais, no caso de execução, recairão sobre todos os bens do titular e da sua empresa. Discute-se desde a década de 80 a possibilidade da instituição da figura da Empresa Individual de Responsabilidade Limitada – EIRL, com o propósito de permitir que o empresário, individualmente, pudesse explorar atividade econômica sem colocar em risco seus bens pessoais.

---

[167] Certidão simplificada apenas no caso de abertura da primeira filial.

2. COMO E PORQUE ADERIR AO SIMPLES[168]

O Simples é um sistema, através do qual as empresas pagarão mensalmente, de forma unificada, alguns impostos e contribuições federais (*Imposto de Renda Pessoa Jurídica – IRPJ, contribuição para os programas de integração social e de formação do patrimônio do servidor público – PIS/PASEP, contribuição social sobre lucro – CSSL, contribuição para financiamento da seguridade social – COFINS, e imposto sobre produtos industrializados – IPI, entre outros; sem contar dispensa das demais contribuições instituídas pela União; e mais havendo convênio com o Município ou Estado para inclusão do imposto sobre serviço – ISS e imposto sobre circulação de mercadorias e serviços – ICMS*) respectivamente; isto é, num percentual único, progressivo, entre 3% a 7,5%, em função de receita bruta, numa mesma data e em uma única guia de recolhimento.

Dar-se-á mediante a inscrição da pessoa jurídica no cadastro geral de contribuintes do Ministério da Fazenda – CNPJ/MF, desde que enquadrada como microempresa (*ME*) ou empresa de pequeno porte (*EPP*). A inclusão produzirá efeitos a partir do primeiro dia do ano calendário subsequente.[169]

---

[168] Lei n.º 9.317/96. Para fins de tributação permanecem os limites previstos nesta lei. O Decreto 5.028/04 que modifica a Lei n.º 9.841/99 (*ME; 240.000 para 433.755; EPP; 720.000 para 2.133.222*), não tem efeito tributário quanto à tributação do Simples (*Federal*); os novos limites somente servem no sentido de desburocratizar alguns serviços; como: a junta comercial deixar de exigir a certidão nada consta (*CND*) para a saída de sócios; ME e EPP podendo atuar na condição de autores (*como réu qualquer pessoa jurídica de direito privado*) em juizados especiais; etc.

[169] Art. 8º , § 2º da Lei n.º 9.317/96.

2.1 Como ficam os impostos com o Simples

FAIXAS DE RECEITA BRUTA PARA ENQUADRAMENTO NO SIMPLES
LEI n.º 9.317 DE 05.12.96 (Publicada no DOU de 06.12.96)

IMPOSTOS E CONTRIBUI-ÇÕES	MICROEMPRESA FATURAMENTO BRUTO ANUAL			EMPRESA DE PEQUENO PORTE FATURAMENTO BRUTO ANUAL				
	Até 60.000	até 90.000	Até 120.000	240.000 (433.755)	de 240.000,01 até 360.000	de 360.000,01 até 480.000	de 480.000,01 até 600.000	até 720.000 2.133.222
Imposto de Renda Pessoa Jurídica	Zero	Zero	Zero	0,13%	0,26%	0,39%	0,52	0,65%
PIS/PASEP	Zero	Zero	Zero	0,13%	0,26%	0,39%	0,52	0,65%
Contribuição Social Sobre o Lucro Líquido	Zero	0,40%	1,00%	1,00%	1,00%	1,00%	1,00%	1,00%
COFINS	1,80%	2,00%	2,00%	2,00%	2,00%	2,00%	2,00%	2,00%
Contribuições Previdenciárias do Empregador	1,20%	1,60%	2,00%	2,14%	2,28%	2,42%	2,56%	2,70%
Subtotal	3,00%	4,00%	5,00%	5,40%	5,80%	6,20%	6,60%	7,00%
*IPI	0,50%	0,50%	0,50%	0,50%	0,50%	0,50%	0,50%	0,50%
Subtotal II	3,50%	4,50%	5,50%	5,90%	6,30%	6,70%	7,10%	7,50%
ICMS/ISS**	Até 1,00%	Até 1,00%	Até 1,00%	Até 2,50%	Até 2,50%	Até 2,50%	Até 2,50%	Até 2,50%
TOTAL GERAL	4,50%	5,50%	6,50%	8,40%	8,80%	9,20%	9,60%	10,00%

* Somente para atividade indústria.

Na prática quem aderiu ao programa terá o imposto sobre serviços (*ISS*) reduzido para 1% da receita da empresa. As restrições de acesso aos benefícios do Simples ferem o art. 179 da Constituição Federal, que garante tratamento diferenciado a todas as micros e pequenas empresas, contesta o *SEBRAE - SP*.

2.2 Descubra as vantagens do Simples

Simplificação fiscal dos tributos e contribuições federais.

Redução da carga tributária (*em alguns casos*), dependendo da composição da folha de pagamento.

Se os Estados e Municípios aderirem, em alguns casos, ocorrerá redução da carga tributária.

Diminuição do número de guias de recolhimentos dos impostos e contribuições.

Empresas sujeitas ao pagamento do IPI, com alíquota superior a 0,5%.

Empresas com empregados devem comparar o percentual da folha de pagamento em relação à receita bruta.

Exemplo Microempresa

RECEITA BRUTA MENSAL (em R$) = 7.500,00 (sete mil e quinhentos reais)				
	COM O SIMPLES		SEM O SIMPLES
IMPOSTOS/ CONTRIBUIÇÕES	%	(valor R$)	(valor em R$)
	A	B	C
Imposto de Renda Pessoa Jurídica	Zero	Zero	90,00
PIS/PASEP	Zero	Zero	48,75
Contribuição Social sobre o Lucro Líquido	0,40	30,00	72,00
COFINS	2,00	150,00	150,00
Contribuições Previdenciárias do Empregador	1,60	120,00	184,87
Subtotal	4,00	300,00	545,62
*IPI	—	—	—
Subtotal II	—	—	—
ICMS/ISS**	17,00	1.275,00	1.275,00
TOTAL GERAL	21,00	1.575,00	1.820,62

Economia = R$ 245,62   Redução = 13,49%

* Somente para atividades industriais
ICMS/ISS – Exemplo para Estados e Municípios que ainda não aderiram ao SIMPLES.
Exemplo acima para empresas com faturamento bruto anual de R$ 90.000,00.

2.3 Quem não pode optar pelo Simples

Empresas impedidas de opção ao Simples[170]

I- Na condição de microempresa, que tenha auferido, no ano calendário imediatamente anterior, receita bruta superior a R$ 120.000,00 (*cento e vinte mil reais*).

II- Na condição de empresa de pequeno porte, que tenha auferido, no ano calendário imediatamente anterior, receita bruta superior a R$ 720.000,00 (*setecentos e vinte mil reais*).

III-Constituídas sob a forma de sociedade por ações.

IV-Cuja atividade seja banco comercial, banco de investimentos, banco de desenvolvimento, caixa econômica, sociedade de crédito, financiamento e investimento, sociedade de crédito imobiliário, sociedade corretora de títulos, valores mobiliários e câmbio, distribuidora de títulos e valores, empresa de arrendamento mercantil, cooperativa de crédito, empresas de seguros privados e de capitalização e entidade de previdência privada aberta.

V- Que se dedique à compra e à venda, ao loteamento, à incorporação ou à construção de imóveis.

VI- Que tenha sócio estrangeiro, residente no exterior.

VII- Constituída sob qualquer forma, de cujo capital participe entidade da administração pública, direta ou indireta, federal, estadual ou municipal.

VIII- Que seja filial, sucursal, agência ou representação, no país, de pessoa jurídica com sede no exterior.

IX-Cujo titular ou sócio participe com mais de 10% (*dez por cento*) do capital de outra empresa, desde que a receita

---
[170] Capítulo V, art. 9º, Lei n.º 9.317/96.

bruta global ultrapasse o limite de que trata o inciso II do art. 2° (*seja superior a R$ 720.000,00 - setecentos e vinte mil reais*).

X- De cujo capital participe, como sócio, outra pessoa jurídica.

XI- Cuja receita decorrente da venda de bens importados seja superior a 50% (*cinqüenta por cento*) de sua receita bruta total.

XII- Que realize operações relativas a:

a) importação de produtos estrangeiros;

b) locação ou administração de imóveis;

c) armazenamento e depósito de produtos de terceiros;

d) propaganda e publicidade *excluídos os veículos de comunicação;*

e) *factoring;*

f) prestação de vigilância, limpeza, conservação e locação de mão-de-obra.

XIII- Que preste serviços profissionais[171] de corretor, representante comercial, despachante, ator, empresário,

---

[171] A Lei n.° 10.964, de 28 de outubro de 2004, determina, em seu art. 4°, que a partir de 1° de janeiro de 2005, ficam excetuadas da restrição de que trata o inciso XIII, do art. 9°, da Lei n.° 9.317/96, as pessoas jurídicas que se dediquem a algumas atividades descritas, dentre elas os serviços de instalação, manutenção e reparação de máquinas de escritório e de informática. O § 2°, art. 4°, estabelece que as pessoas jurídicas que tenham sido excluídas do Simples, exclusivamente com base no inc. XIII, do art. 9°, da Lei n.° 9.317/96, poderão solicitar retorno ao sistema, com efeitos a partir de 1° de janeiro de 2004, desde que não se enquadrem nas demais hipóteses de vedação previstas na legislação. O § 3° dispõe que na hipótese da exclusão ter ocorrido durante o ano calendário de 2004 e antes da publicação da Lei n.° 10.964/04, a secretária da Receita Federal promoverá a reinclusão de ofício dessas pessoas jurídicas, retroativamente a 1° de janeiro de 2004, o que vem confirmar que pessoas jurídicas que prestam serviços de manutenção e reparação de máquinas de escritório e de informática, não necessitam da presença de profissional legalmente habilitado, nem tampouco desenvolvem atividades assemelhadas às demais descritas no inciso XIII, do art. 9°, da Lei n.° 9.317/96.

diretor ou produtor de espetáculos, cantor, músico, dançarino, médico, dentista, enfermeiro, veterinário, engenheiro, arquiteto, físico, químico, economista, contador, auditor, consultor, estatístico, administrador, programador, analista de sistema, advogado, psicólogo, professor, jornalista, publicitário, fisicultor, ou assemelhados, e de qualquer outra profissão cujo exercício dependa de habilitação profissional legalmente exigida.[172]

XIV- Que participe do capital de outra pessoa jurídica, ressalvados os investimento provenientes de incentivos fiscais efetuados antes da vigência da Lei n.º 7.256, de 27 de novembro de 1984, quando se tratar de microempresa, ou antes da vigência desta Lei, quando se tratar de empresa de pequeno porte;

XV- Que tenha débito inscrito em dívida ativa da União ou INSS, cuja exigibilidade não esteja suspensa;

XVI- Cujo titular, ou sócio que participe de capital com mais de 10% (*dez por cento*), esteja inscrito em Dívida Ativa da União ou do INSS, cuja exigibilidade não esteja suspensa;

XVII- Que seja resultante de cisão ou qualquer outra forma de desmembramento da pessoa jurídica, salvo em relação aos eventos ocorridos antes da vigência desta Lei;

XVIII- Cujo titular, ou sócio com participação em seu capital superior a 10% (*dez por cento*), adquira bens ou realize gastos em valor incompatível com os rendimentos por ele declarados.

§ 1º. Na hipótese de início de atividade no ano calendário imediatamente anterior ao da opção, os valores a que se

---

[172] Profissional liberal ou cujo exercício dependa de lei para sua habilitação.

referem os incisos I e II serão, respectivamente, de R$ 10.000,00 (*dez mil reais*) e R$ 60.000,00 (*sessenta mil reais*) multiplicados pelo número de meses de funcionamento naquele período, desconsideradas as frações de meses.

§ 2º. O disposto nos incisos IX e XIV não se aplica à participação em centrais de compras, bolsas de subcontratação, consórcio de exportação e associações assemelhadas, sociedades de interesse econômico, sociedades de garantia solidária e outros tipos de sociedades, que tenham como objetivo social a defesa exclusiva dos interesses econômicos das microempresas e empresas de pequeno porte, desde que estas não exerçam as atividades referidas no inciso XII.

§ 3º. O disposto no inciso XI e na alínea *a* do inciso XII não se aplica à pessoa jurídica situada exclusivamente em área de Zona Franca de Manaus e da Amazônia Ocidental, a que se referem os Decretos-leis n.ºs 288, de 28 de fevereiro de 1967, e 356, de 15 de agosto de 1968.

Art. 10. Não poderá pagar o ICMS, na forma do Simples, ainda que a Unidade Federada onde esteja estabelecida não tenha convênio; a pessoa jurídica:

I- que possua estabelecimento em mais de uma Unidade Federada;

II- que exerça, ainda que parcialmente, atividade de transporte interestadual ou municipal.

Art. 11. Não poderá pagar o ISS, na forma do Simples, ainda que o Município onde esteja estabelecida seja conveniado, a pessoa jurídica que possua estabelecimento em mais de um Município.

3. FALÊNCIAS – LIQUIDAÇÃO JUDICIAL – RECUPERAÇÃO EXTRAJUDICIAL E JUDICIAL

3.1 Caracterização da Lei n.º 11.101 de 09 de fevereiro de 2005

Falência- liquidação judicial ocorre quando declarada pelo juízo competente.

A concordata era um prenúncio da falência, além de fomentar a falta de lisura e procrastinar o processo, conseqüentemente a delapidação do patrimônio.

A substituição da concordata pela recuperação extrajudicial ou judicial é considerada o principal ponto da nova lei de falências.

Hoje para se requerer a falência, o valor mínimo dos créditos é de 40 salários mínimos.

A recuperação de empresas regulamenta uma situação que na prática já existe, como exemplo:[173] *Caio* – Fabricante de Carroçarias para Ônibus; *Arapuã* – Comércio de Eletrodomésticos, e a *Parmalat* – Distribuidora de Produtos Derivados do Leite; planos que consistem na reestruturação da dívida, com regras e prazos acordados com os credores, funcionários, e sendo aceitos pelo judiciário.

---

[173] Art. 47 da Lei n.º 11.101/2005. Para as micros e pequenas empresas o plano especial permite parcelamento de suas dívidas com os credores sem garantias reais em até 36 vezes, com juros legais de 12% ao ano. Art. 50 e as formas de reestruturação na quebra da sucessão tributária, art. 57 exige a apresentação de certidões fiscais negativas ou certidões positivas com efeito de negativas para validade da reestruturação acordada. Art. 52 o juiz deferirá o processamento da recuperação judicial se a documentação e requisitos estiverem corretos.

Na redação do art. 161, "o devedor que preencher os requisitos do art. 48 poderá propor e negociar com credores plano de recuperação extrajudicial".

Formalizado esse acordo caberá ao devedor requerer a homologação em juízo, com a juntada do pedido e sua justificativa, assinaturas de 3/5 dos credores que representam e aderiram os seus termos e condições de todos os créditos.

Estarão impedidos dos benefícios na recuperação extrajudicial os créditos de natureza trabalhista ou tributária, entre outros.

Caso não haja possibilidade de implantação do plano de recuperação extrajudicial, caberá ao devedor requerer a recuperação judicial.

Pela lei em vigor se um dos credores não aceitar o plano elaborado para os pagamentos, a empresa vai à falência.

Os privilégios, ou a preferência de pagamento, em caso de falência, é para os créditos trabalhistas até o limite de 150 salários mínimos (*para evitar fraude, e o crédito trabalhista que ultrapassar este limite se torna quirografário em ordem de preferência*); em segundo lugar recebem credores com garantia real, em terceiro crédito tributários (*fisco*), e os credores sem garantia real.

Para as micros e pequenas empresas, diante da norma ditada pela lei, podemos concluir se sua crise econômico-financeira provir de dívidas fiscais, débitos bancários ou dívidas trabalhistas, não terá o benefício do plano especial de recuperação, ficando sujeito a regra geral.

Crimes Falimentares

Dentre os crimes falimentares, os que ocorrem com mais freqüência, são os seguintes:

Art. 186 – pena de detenção de seis meses a três anos:

- Gastos pessoais, ou de família, manifestamente excessivos em relação ao seu cabedal.

- Inexistência dos livros obrigatórios ou sua escrituração atrasada, lacunosa, defeituosa ou confusa.

- Falta de apresentação do balanço, dentro de sessenta dias após a data fixada para o seu encerramento, à rubrica do juiz sob cuja jurisdição estiver o seu estabelecimento principal.

Art. 187 – pena de reclusão de um a quatro anos:

- Devedor que, com o fim de criar ou assegurar injusta vantagem para si ou para outrem, praticar, antes ou depois da falência, algum ato fraudulento de que resulte ou possa resultar prejuízo aos credores.

Art. 188 – pena de reclusão de um a quatro anos:

- Pagamento antecipado de uns credores em prejuízo de outros.

- Desvio de bens, inclusive pela compra em nome de terceira pessoa, ainda que cônjuge ou parente.

- Falsificação material no todo ou em parte, da escrituração obrigatória ou não, ou alteração da escrituração verdadeira.

- Destruição, inutilização ou supressão, total ou parcial, dos livros obrigatórios.

Art. 189 – pena de reclusão de um a três anos:

- Qualquer pessoa, inclusive o falido, que ocultar ou desviar bens da massa.

- O devedor que reconhecer como verdadeiros créditos falsos ou simulados.

Art. 191 – na falência das sociedades, os seus diretores, administradores, gerentes ou liquidantes são equiparados ao devedor ou falido, para todos os efeitos penais previstos nesta Lei.

Art. 197 – a reabilitação extingue a interdição do exercício do comércio, mas somente pode ser concedida após o decurso de três anos (*pena de detenção*) ou cinco anos (*pena de reclusão*), contados do término da execução.

Art. 199 – a prescrição extintiva da punibilidade do crime falimentar opera-se em dois anos. Este prazo começa a contar da data em que transitar em julgado a sentença que encerrar a falência, ou que julgar cumprida a concordata.[174]

Na falência, cabe à Junta Comercial onde se encontra a Sede, efetuar arquivamento (*prontuário e cadastro*), não podendo a empresa, após a anotação, cancelar seu registro, bem como oficiar às Juntas Comerciais dos Estados onde se mantêm as filiais da empresa.

Passando a dar lugar a um único processo, chamado de **recuperação judicial** que ocorre sempre antes da chamada **liquidação judicial**, este último termo substitui a falência. As sociedades de economia mista e as sociedades cooperativas expressamente passam a estar sujeitas a lei das falências. As empresas públicas, bem como as instituições financeira públicas e privadas[175], as cooperativas de crédito, os consórcios e as

---

[174] Maggio, Vicente de Paula Rodrigues – Advogados Associados S/C – crimes falimentares. (*Procedimentos dos juízes e as falências das empresas, arts. 1º, 2º, 1.103, 1.104, 1.105 do CPC.*) A falência das Empresas e os Juízes.

[175] Verçosa, Haroldo Malheiros Duclerc. Mestre e doutor em direito comercial pela USP; artigo publicado Gazeta Mercantil, abril 2005. As instituições financeiras têm estado submetidas primordialmente ao regime da Lei n.º 6.024, de 13 de março de 1974 e Decreto-lei 2.321/87, onde estão regulados os institutos da intervenção, da liquidação extrajudicial e do Regime de Administração Especial Temporária (*Raet*). Com a nova lei, no entanto, surgiu a questão relacionada com a determinação expressa do art. 2º, inciso II, no sentido de que ela não se

sociedades seguradoras, de capitalização e outras entidades voltadas para idêntico objeto, ficam sujeitos a leis complementares.

A nova Lei de Falências introduz indubitavelmente uma série de instrumentos elaborados no sentido de permitir a recuperação das empresas em crise. Sem embargos, para que a desejada recuperação seja viabilizada, e muitas empresas viáveis sejam reabilitadas e revigoradas. Com efeito, existem três princípios fundamentais internacionalmente aceitos que não foram inteiramente observados pelo legislador antes de aprovado pela Câmara de Deputados em 15 de outubro de 2003: – possuir mecanismos de intervenção preventiva que possam ser acionados no momento da detecção do problema empresarial, que possibilitem a tomada de ações de rumo nos primeiros sinais de alerta ou ameaça de crise, de forma célere, eficiente e imparcial; impedir o desmembramento prematuro de um ativo da empresa em razão de ação de um ou mais credores, conforme disposto no art. 48 § 3º; priorizar a continuidade da empresa economicamente viável, maximizando o valor de seus ativos, permitindo a sua reorganização. E o fato que se torna inviável é, ao estipular a regularidade fiscal como pré- condição para habilitação à mesma. Considerando que a maioria das empresas brasileiras, saudáveis ou não, encontra-se inscrita na dívida ativa da União, é absolutamente impossível que as empresas atualmente em recuperação extrajudicial ou judicial (*falência*) estejam com suas obrigações fiscais em dia. Destarte, é essencial que seja retirada a

---

aplicaria às instituições financeiras. Portanto, teria sido revogado parcialmente o sistema da lei e o decreto, dele ficando afastada a possibilidade de falência. Portanto, deve-se entender que os dois sistemas (*o geral e o especial*) são complementares, prevalecendo este último na confrontação entre ambos. Assim sendo, continuaria em vigor o sistema especial, sendo possível a decretação da falência de instituições financeiras e de empresas a elas assemelhadas. É claro que as instituições financeiras não poderão recorrer à recuperação judicial ou extrajudicial, continuando o Banco Central do Brasil a manter em suas mãos os três institutos da legislação especial.

exigência de regularidade fiscal consignada no art. 217, § 1º, consoante também ao princípio constitucional da isonomia. É igualmente vital impedir o (... *em caso de falência e recuperação judicial, um gestor interessado na sua compra se livra das dívidas fiscais antigas, mas em se tratando de recuperação extrajudicial, o novo comprador continua responsável por pagar os impostos antigos*) desmembramento prematuro de um ativo da empresa, e não poderá o credor reaver este bem, ficando sujeito aos efeitos do plano de recuperação judicial. Por essa razão os arts. 70, e 71 do PL 4.376/93 devem ser aperfeiçoados de forma a estimular e viabilizar a participação de profissionais em recuperação de empresas no processo de reabilitação.

4. DOS FORMULÁRIOS E INSTRUMENTOS PARA REGISTRO E ARQUIVAMENTO

4.1 "Firma" Empresário Individual e os Atos

4.2 Constituição

Busca prévia de nome para abertura.[176]

Requerimento padrão (*capa azul*).

Declaração de Firma Individual (*4 vias*).

CNPJ – Cadastro Nacional Pessoa Jurídica.[177]

Fotocópia do CPF e RG, órgão emissor e unidade federativa.

Comprovante de endereço da empresa e titular *(conta de luz, telefone, IPTU, contrato de locação autenticado com firmas reconhecidas registrado em cartório)*.

Declaração de ME se for o caso,[178] ou não figurará a expressão ME e ou EPP.

Comprovante de recolhimento das taxas GARE e DARF.[179]

- Se emancipado juntar fotocópia da escritura e certidão de emancipação.

---

[176] Instrução normativa 56 e art. 61 §§ 1° e 2° do Decreto 1.800 de 30 de janeiro de 1996.
[177] Inscrição CNPJ, vide item 20.
[178] Art. 9°, da Lei n.° 9.317/96.
[179] Art.34 inciso, IV do Decreto 1.800/96.

- Se analfabeto ou representado por procurador, juntar a procuração.
- Se sucessão (*herdeiros*), apresentar formal de partilha onde conste o nome dos mesmos.

É vedado a pessoa física ser titular de mais de uma firma individual.

4.3 Anotação

Requerimento- padrão (*capa Azul*).

Declaração de firma individual (*4 vias*).

CNPJ – Cadastro Nacional Pessoa Jurídica.[180]

Fotocópia cartão do CNPJ.

Comprovante de recolhimento das taxas GARE e DARF (*se ME, apenas GARE*).

4.4 Encerramento – Baixa

Requerimento-padrão (*capa marrom*).

Declaração firma individual (*4 vias*).

Mencionar o endereço residencial do responsável pela guarda dos livros.

Certidão negativa do INSS,[181] FGTS – CRS e Receita Federal.

Comprovante de recolhimento de taxas GARE e DARF (*se ME ou cancelamento apenas GARE*).

---

[180] Inscrição CNPJ, vide item 19.7.
[181] CND – Ordem de Serviço Disciplinada da f.n. 207 de 8/4/99, internet: www.mpas.gov.br.

- Se o encerramento se der por falecimento do titular, providenciar a carta de adjudicação, certidão de inventário, expedido pelo juízo competente.

- Se com base na faculdade prevista nos artigos,[182] exceto para averbação de construção civil em imóvel, baixa de firma individual, extinção de entidade ou sociedade empresária e simples, apresentar a declaração firmada pelo titular, sob as penas da lei, de que a firma individual não exerceu atividade econômica de qualquer espécie, durante 5 (cinco) anos consecutivos anteriormente ao pedido.[183]

4.5 Sociedade Limitada e os Atos

4.6 Constituição

Requerimento- padrão.[184]

Contrato Social.[185]

No caso RG acrescentar órgão emissor e unidade federativa, e o CPF.[186]

- Se houver sócio pessoa jurídica, fazer constar número do *NIRE* e qualificação do representante ou procurador (*sócio-delegado*). No caso de pessoa jurídica estrangeira,[187] apresentar outorga com poderes de receber citação.[188]

---

[182] Arts. 170 inciso IX, 179 CF, arts. 35 e 37 da Lei n.º 9.841/99, ver Instrução Normativa 02 de 08/01/01, art. 48, I, *a*, §§ 2º e 3º, finalidades previstas nas Leis n.º 8.212 de 24/07/91 e suas alterações, n.º 8.870 de 15/08/94.

[183] MP 1.894/99, art. 14.

[184] Preencher corretamente, assinatura do representante legal, todos os campos exceto campos 1 e 2.

[185] Art. 34, Decreto 1.800 e Instrução Normativa 37, e art. 2º, parágrafo único da Lei n.º 341/38.

[186] Art. 53, inciso III alínea *D*, Decreto 1.800/96.

[187] A pessoa jurídica estrangeira que possuir imóveis, aeronaves, embarcações ou demais bens localizados no Brasil deverá fazer constar no CNPJ, conforme Instrução Normativa n.º 167 de 14.06.02.

[188] Art. 1.134 CC, e Instrução Normativa 31 e 58.

Cláusula de Desimpedimento.

Declarar não estar incurso em nenhum crime que proíba a atividade mercantil ou apresentar declaração em separado.[189] *"Os sócios declaram que não estão incursos em penalidades de lei que os impeçam de exercer atividades mercantis".*

Tipo de sociedade limitada adotada.[190]

Declaração precisa e detalhada do objeto social.[191]

Capital, quotas, forma e prazo da sua integralização.[192]

Responsabilidade dos sócios sobre o capital.[193]

Prazo de duração da sociedade.[194]

Foro, localidade e data.[195]

Rubrica dos sócios em todas as folhas do contrato e assinaturas.[196]

Testemunhas identificando assinaturas e RG com órgão emissor e unidade federativa (*no caso Estado de São Paulo, RG, SSP/SP*).[197]

Visto do advogado, identificando nome, número, seção OAB[198], exceto para ME.

---

[189] Art. 53, inciso II e art. 34 inciso II Decreto1.800/96.

[190] Art. 53, inciso III, alínea *a*, Decreto 1.800/96.

[191] Art. 53, inciso III, *b* e art. 45 Decreto 1.800/96.

[192] Art. 53, inciso III, alínea *c* Decreto 1.800/96.

[193] Art. 1.052 CC. *(Art. 2° In fine Decreto 3.708/19 revogado).*

[194] Art. 53, inciso III, alínea *f* Decreto 1.800/96.

[195] Lei da arbitragem n.° 9.307/96 (*solução de litígios relativos a bens patrimoniais disponíveis por meios extrajudiciais). Mostrará se capaz de dispensar o Estado na solução de seus conflitos (art. 4° convenção das partes, com força executiva, inclusive, e art. 18, que a decisão traduzida em sentença arbitral é irrecorrível fazendo coisa julgada entre as partes quanto a matéria decidida, sem mecanismo legal capaz de levar tal decisão a novo julgamento, com exceção ao disposto nos arts. 30 e 33 desta Lei – recursos só na espera judicial).*

[196] Deliberação da Junta Comercial em 24 de junho de 1969.

[197] Arts. 40 e 34, IV, *a* Decreto 1.800/96.

[198] Art. 36, Decreto 1.800/96.

Documentos pessoais, fotocópia, comprovante de endereço, CPF e RG.[199]

Recolher as taxas GARE e DARF.[200]

Fazer Constar.

Ficha cadastral FCN - 1 da empresa (*2 vias*), preencher todos os campos exceto campo 20 e os de uso da Junta.

Ficha cadastral FCN - 2 dos sócios (*2 vias*).[201]

CNPJ – Cadastro Nacional Pessoa Jurídica (*2 vias*).[202]

Quadro societário (*2 vias*).

Fotocópia cartão CNPJ.

Busca prévia de nome para abertura.[203]

Declaração de ME se for o caso.[204]

4.7 Alteração[205]

Requerimento-padrão, preencher corretamente conforme instruções.

---

[199] Art. 34, inciso V alíneas *a* e *b* Decreto 1.800/96.
[200] Art. 34, inciso IV, Decreto 1.800/96.
[201] Instrução Normativa 63 de 02/06/97. Caso haja erro de impressão usar FCN para re-ratificar dados, preencher todos os campos inclusive data e nome do signatário, exceto os de uso da Junta.
[202] Vide item 20.
[203] Instrução Normativa 56 e boletim Junta Comercial de 25 de janeiro de 1996.
[204] Art. 9º da Lei n.º 9.317/96. Simples, sistema integrado de pagamento de impostos e contribuições. Para dar o porte art. 8º e para dar publicidade § 5º, e as penalidades, art. 20. No art. 31 revogam-se os arts. 2º e 3º, 11 a 16, 19 incisos II e III, arts. 25 a 27 da Lei n.º 7.256 de 27 de novembro de 1974, o art. 42 da Lei n.º 8.383 de 30 de novembro de 1991 e os arts. 12 ao 14 da Lei n.º 8.864 de março de 1994 (*art. 2º limite fixado, art. 3º exclusão prevista*).
[205] Vide modelo item 29.

Apresentar no preâmbulo a qualificação completa dos sócios, além do RG, com órgão emissor e unidade federativa, CPF, o NIRE e CNPJ, em três vias.[206]

- Se houver sócios pessoa jurídica fazer constar NIRE da empresa e qualificação do representante ou procurador (*sócio-delegado*); no caso pessoa jurídica estrangeira, apresentar outorga com poderes de receber citação.[207]

- Caso haja sócio admitido apresentar cláusula de desimpedimento, declarando não estar incurso em nenhum crime que proíba a atividade mercantil, ou apresentar declaração em impresso próprio.[208]

  Tipo de sociedade limitada adotada.[209]

- Caso haja mudança no objetivo, apresentar declaração precisa e detalhada do objeto social.[210]

- Caso haja alteração do capital, se valor anterior à moeda corrente, apresentar atualização monetária, quantidade de quotas, forma e prazo da sua integralização.[211]

  Responsabilidade dos sócios.[212]

- Caso haja redução de capital, apresentar requerimento-padrão, três vias do instrumento, CND – Certidão Negativa de Débito, será exigido no caso de tributos federais, dívida ativa da União (*INSS, RF; FGTS*); ou na transferência de quotas representativas da maioria do capital; anexar FCN modelos 1 e 2 e em duas vias, taxas GARE e DARF.

  Foro, localidade e data.

---

[206] Art. 44 c/c art. 53 inciso III *d*, Decreto 1.800/96.
[207] Instrução Normativa 31 e 58 JUCESP.
[208] Art. 53 inciso II Decreto 1.800/96.
[209] Art. 53 inciso III *a* Decreto 1.800/96.
[210] Art. 53 inciso III *b* e § 2° Decreto 1.800/96.
[211] Art. 53 inciso III *c* Decreto 1.800/96.
[212] Arts. 50, 1.052, 1.055 CC e seguintes (art. 2° *In fine*, Decreto 3.708/1919 revogado).

Rubrica em todas as folhas do contrato e assinaturas dos sócios.[213]

Testemunhas, identificando assinaturas, RG com órgão emissor e unidade federativa.[214]

Visto do advogado, identificando nome, número, seção da OAB.[215]

Recolher as taxas GARE e DARF; tratando-se de ME, recolher apenas GARE.[216]

Fazer constar.

Ficha cadastral FCN - 1 para empresa (*2 vias*).

Ficha cadastral FCN - 2 para os sócios que se retiram e admitidos (*2 vias*).

CNPJ - Cadastro Nacional Pessoa Jurídica (*2 vias*).

Quadro societário (*2 vias*).

- Caso haja alteração de objetivo, apresentar declaração precisa e detalhada do objeto social, o ramo de atividade; quando suprimida somente da filial.[217]

Busca prévia de nome, caso altere razão ou denominação social.[218]

Enquadramento ME, requerimento I e II, processo apensado:

Requerimento I, na constituição anexar impresso próprio "Declaração ME".

Estando constituída impresso próprio "Comunicação", não há recolhimento de taxas.

---

[213] Deliberação Junta Comercial em 24 de junho de 1969.
[214] Art. 34 inciso IV *a*, c/c art. 40 Decreto 1.800/96.
[215] Art. 36, Decreto1.800/96.
[216] Art. 34, inciso IV, Decreto1.800/96.
[217] Art. 45 Decreto 1.800/96 e Instrução Normativa 53.
[218] Instrução Normativa 53 Junta Comercial.

Ficha cadastral FCN - 1 para empresa (*2 vias*).

Requerimento II, documentação de praxe para os atos alterados.

Empresas impedidas de optarem pelo Simples.[219]

Desenquadramento de ME, requerimento I e II, processo apensado:

Requerimento para Desenquadramento (*modelo anexo*) com assinatura de todos os sócios.

Ficha cadastral FCN - 1 para empresa (*2 vias*).

CNPJ - Cadastro Nacional Pessoa Jurídica para alteração (*2 vias*).[220]

Fotocópia do cartão CNPJ.

Não há recolhimento de taxas.

Arquivamento de atas, apresentar edital de publicação em três vias (*uma original e duas fotocópias*).[221]

Ficha cadastral FCN - 1 para empresa (*2 vias*).

4.8 Encerramento – Baixa – Distrato

Requerimento- padrão (*capa marrom*).

Ficha cadastral FCN - 1 para empresa (*2 vias*).

CND - Certidão Negativa de Débito, INSS, RECEITA FEDERAL; *FGTS*; [222] Dívida Ativa da União, ou declaração de não inscrição.

---

[219] Art. 9º da Lei n.º 9.317/96, c/c art.179 CF.
[220] Vide item 20.
[221] No seu art. 124, § 4º, da Lei n.º 6.404/76 das S/A, dispensa publicação do edital, "*sendo esta cópia fiel da ata transcrita do livro próprio*", reformada pela Lei n.º 10.303/2001. Importante esclarecer que as modificações refletidas na nova legislação não alteram as bases da Lei das S/A.
[222] Instrução Normativa 60 de 13/6/96, vide item 19.8.

Mencionar endereço residencial do responsável pela guarda dos livros.

Distrato,[223] fazer constar importância repartida e a pessoa que assume o ativo e passivo, dar quitação rasa, plena e irrevogável, a indicação do motivo da dissolução ou consenso mútuo, constando no preâmbulo qualificação completa dos sócios e empresa, com a resolução de promover o distrato social.

Encerramento de filial.[224]

Comprovante de recolhimento de taxas GARE e DARF (*se ME ou cancelamento apenas GARE*).

- Se o encerramento se der por falecimento dos sócios, providenciar a certidão de inventariando, carta de adjudicação, expedida pelo juízo competente.

- Se com base na faculdade prevista nos artigos,[225] apresentar a declaração firmada pelo titular, sob as penas da lei, que não exerceu atividade econômica de qualquer espécie, durante 5 (*cinco*) anos consecutivos anteriormente ao pedido.

4.9 Sucessão – Distrato de Sociedade Limitada com constituição de "Firma" – Empresário Individual por sucessão:

a) Distrato

Requerimento- padrão (*cor marrom*).

Distrato em 3 vias.

Ficha cadastral FCN - 1 (*2 vias*).

---
[223] Modelo item 30.
[224] Instrução Normativa 60 Junta Comercial.
[225] Arts. 170, inciso IX e 179 CF, c/c arts. 35 e 37 da Lei n.º 9.841/99.

CND - Certidão negativa débito, INSS, FGTS e (*não baixa*) RECEITA FEDERAL.

Comprovante de recolhimento de taxas GARE e DARF.

b) Constituição

Seguir o roteiro de formulários e instrumentos para arquivamento de Firma Individual.

- Deverá vir requerimentos I e II, processo (*capa marrom*), em apartado, fazer constar nos dois instrumentos que o ativo e passivo da sociedade limitada serão assumidos pela firma individual.

5. DOS FORMULÁRIOS E DEMAIS ATOS PARA REGISTRO E ARQUIVAMENTO

5.1 Documentos para constituição de filial de firma individual no Estado

Requerimento-padrão – capa do processo (*cor azul*).

Declaração de firma individual (*4 vias*).

CNPJ - Cadastro Nacional de Pessoa Jurídica (2 vias).

Fotocópia do cartão do CNPJ da matriz.

Comprovante de recolhimento das taxas GARE e DARF.[226] A previsão de abertura de filial, quando não levada a efeito na constituição, na alteração num primeiro momento, os sócios deliberarão que a sociedade poderá abrir filiais, em seguida, procederão a abertura da filial.

5.2 Documentos para alteração de dados de filial de firma individual no Estado

Requerimento-padrão – capa do processo (*cor azul*).

Declaração de firma individual (*4 vias*).

CNPJ - Cadastro Nacional de Pessoa Jurídica (*2 vias*), no caso de alteração de qualquer dado, apresentar xerox do cartão do CNPJ da filial.

---

[226] Código de Receita 370-0-6621.

Comprovante de recolhimento das taxas GARE e DARF; se ME, recolher somente GARE.

5.3 Documentos para cancelamento de filial de firma individual no Estado

Requerimento-padrão – capa do processo (*cor azul*).

Declaração de firma individual (*4 vias*).

Comprovante de recolhimento da taxa GARE (*código 370-0*).

5.4 Documentos para transferência de sede de Sociedade Limitada para outro Estado

Busca prévia de nome comercial.

Requerimento-padrão – capa do processo (*cor marrom*).

Alteração contratual (*3 vias*), deferida pela "Junta Comercial", onde se localiza a SEDE.

Certidão simplificada e cópia de todos os atos já arquivados na Junta Comercial de origem.

Ficha cadastral FCN - 1 (*2 vias*).

Ficha cadastral FCN - 2 (*2 vias*).

CNPJ - Cadastro Nacional de Pessoa Jurídica (*2 vias*) e a xerox do cartão.

Quadro societário (*2 vias*), fotocópia do RG e CPF e comprovante de residência dos sócios.

Recolhimento das taxas GARE e DARF, se ME somente GARE.[227]

---

[227] Instrução Normativa 56 de 6 de março de 1996.

5.5 Documentos para constituição de filial de sociedade limitada com sede em outro Estado

Requerimento-padrão – capa do processo (*cor marrom*).

Certidão simplificada, cópia autenticada (*3 vias*) pela Junta Comercial onde se localiza a Sede do Ato deliberando abertura de filial.

CNPJ - Cadastro Nacional de Pessoa Jurídica (*2 vias*).

Ficha cadastral FCN-1, para matriz e filial (*2 vias*).

Fotocópia do cartão do CNPJ da matriz.

Comprovante de recolhimento das taxas GARE e DARF (*cód. 370-0, 6.621*).

5.6 Documentos para constituição de Filial de Sociedade limitada no Estado

Requerimento-padrão – capa do processo (*cor marrom*).

Alteração contratual (*3 vias*).

CNPJ - Cadastro Nacional de Pessoa Jurídica (*2 vias*).[228]

Ficha de inscrição de estabelecimento (FIE).

Ficha cadastral FCN -1, para matriz e filial (*2 vias*).

Fotocópia do cartão do CNPJ da matriz.

Comprovante de recolhimento das taxas GARE e DARF, somente no caso de abertura.

5.7 Documentos para alteração de dados da filial de Sociedade limitada no Estado

Requerimento-padrão – capa do processo (*cor marrom*).

---

[228] Vide item 20.

Alteração contratual (*3 vias*).

Ficha cadastral FCN -1 (*2 vias*) da matriz, para cada filial aberta, alterada ou encerrada.

CNPJ - Cadastro Nacional de Pessoa Jurídica (*2 vias*).[229]

Ficha de alteração (FA).

Fotocópia do cartão do CNPJ da matriz e filial.

Comprovante recolhimento das taxas GARE e DARF; se ME, recolher somente GARE, apenas no caso de abertura.

5.8 Documentos para cancelamento de filial de Sociedade Limitada no Estado

Requerimento-padrão – capa do processo (*cor marrom*).

Certidão simplificada e/ou ficha de Breve Relato da Junta Comercial da Sede.

Alteração contratual em três vias (*1 original e 2 cópias autenticadas*).

Ficha cadastral FCN -1, matriz e filial (*2 vias*).

Ficha de solicitação de baixa (SB).

Comprovante de recolhimento da taxa GARE *(código 370-0)*.

- Para abertura de filial os atos poderão ser efetuados por contrato social, alteração e cancelamento por alteração contratual e/ou deliberação da administração desde que previsto em cláusula.

5.9 Documentos para enquadramento como ME firma individual

Requerimento-padrão – capa do processo (*cor azul*).

Comunicação de enquadramento de ME (*3 vias*).

---

[229] Vide item 20.

CNPJ - Cadastro Nacional de Pessoa Jurídica (*2 vias*).
Fotocópia do cartão do CNPJ.
Não recolhe taxas GARE e DARF.

5.10 Documentos para enquadramento como ME Sociedade Limitada

Requerimento-padrão – capa do processo (*cor marrom*).
Comunicação de enquadramento de ME (*3 vias*).
Ficha cadastral FCN -1 (*2 vias*).
Não recolhe taxas GARE e DARF.

- Não constar sigla ME diante da razão ou denominação social.

5.11 Documentos para desenquadramento de ME, firma individual

Requerimento-padrão – capa do processo (*cor azul*).
Pedido-requerimento de desenquadramento de ME (*3 vias*).
CNPJ - Cadastro Nacional de Pessoa Jurídica (*2 vias)*.
Fotocópia do cartão.
Não recolhe taxas GARE e DARF.

5.12 Documentos para desenquadramento de ME, sociedade limitada

Requerimento-padrão – capa do processo (*cor marrom*).
Requerimento de desenquadramento de ME (*3 vias*).

CNPJ - Cadastro Nacional de Pessoa Jurídica (*2 vias*).[230]

Ficha cadastral FCN -1 (*2 vias*).

Fotocópia do cartão do CNPJ.

Não recolhe taxas GARE e DARF.

5.13 Enquadramento E.P.P. *(Empresa de Pequeno Porte)* e comunicação Ltda.

Requerimento-padrão – capa do processo (*cor marrom*) não fazer constar sigla EPP diante da razão ou denominação social.

Formulário de comunicação de E.P.P. (*3 vias*), assinadas por sócios e contador (CRC).

Ficha cadastral FCN -1 (*2 vias*).

- Se houver alteração juntamente com o enquadramento, deverá vir em requerimentos em apartado (I e II).
- Se houver desenquadramento de ME e enquadramento E.P.P., também deverá vir em requerimentos em apartado (I e II).
- Se houver alteração, mais desenquadramento de ME, e o enquadramento de E.P.P., deverá vir em requerimentos em apartado (I e II).

Portaria Junta Comercial - JUCESP.[231]

---

[230] Vide item 20.
[231] N.º 011/98 (*modelo de declaração e comunicação*).

5.14 Modelos de requerimento para desenquadramento e comunicação

Aos Senhores Vogais da Junta Comercial do Estado de São Paulo.

Vimos por meio desta requerer a Vossa Senhoria o desenquadramento de Microempresa (*nome da empresa*), devidamente inscrita na Junta Comercial do Estado de São Paulo sob (*NIRE*) em sessão de quotas, no cadastro geral de contribuintes (*CNPJ – NIRE*) sob n.º ...., estabelecida à (*endereço completo*).

Sem mais para o momento e certos de vossa ciência subscrevemo-nos.

Local e data .... de .... de ....

- Em duas vias, e assinatura de todos os sócios com RG., órgão emissor, unidade federativa e o CPF.

5.15 Documentos para transformação de Sociedade Simples (Cartório-Civil) em Sociedade Empresária *(Junta Comercial)*

Busca prévia de nome comercial.

Requerimento-padrão – capa do processo (*cor marrom*).

Alteração contratual, com ou sem consolidação (*3 vias*).

No preâmbulo qualificação completa da empresa, n.º de inscrição no cartório.

Cópia autenticada de todo o acervo do cartório, ou certidão.

Ficha cadastral FCN - 1 (*2 vias*).

Ficha cadastral FCN - 2 (*2 vias*), para cada sócio.

CNPJ - Cadastro Nacional de Pessoa Jurídica (*2 vias*).

Quadro societário (*2 vias*).

Fotocópia do RG e CPF, e comprovante de residência de todos os sócios.

Comprovante de endereço da empresa.

Declaração de microempresa (ME) em 3 vias, se for o caso.

Comprovante de recolhimento das taxas GARE e DARF.[232]

5.16 Documentos para constituição de cooperativas

— *(Lei do Trabalho Temporário: OIT - organização internacional do trabalho, recomendação n.º 185-8.5; as políticas nacionais deverão zelar para que não se possa criar ou utilizar cooperativas para evitar a legislação do trabalho. Atividade meio e atividade fim, da súmula – é expressamente vedada a terceirização de postos de trabalho ligados à atividade fim da empresa. Constituição Federal – ninguém será obrigado a fazer ou deixar de fazer alguma coisa em virtude de Lei. Portaria: – uma portaria não pode inovar no ordenamento jurídico. Tal portaria entretanto, não obstante ser de legalidade duvidosa, constitui, ao lado da doutrina e jurisprudência, importante referência para as empresas que queiram prevenir riscos e problemas com a fiscalização do trabalho).*[233]

A natureza dessa sociedade é civil, pois juridicamente não tem o fito de lucro e apresentam como finalidade societária estimular a poupança, a aquisição e economia de seus associados. Portanto, as sociedades cooperativas são sociedades simples, que visam fim

---

[232] Códigos de Receita 370-0 e 6.621.
[233] Lei n.º 6.019/74- Trabalho temporário; súmula TST 331; Art. 5º CF. Portaria do Trabalho 925-28/9/95. Segundo a Lei n.º 5.764 de 16 de dezembro de 1971, poderá ocorrer fusão, incorporação, desmembramento, dissolução, liquidação. Art. 5º incisos XVIII e LXXVII, 146, III, alínea *c* e 174 § 2º CF. Arts. 1.093 a 1.096, e 982, parágrafo único CC.

econômico "não empresarial", tendo por objeto social o exercício de certas profissões ou a prestação de serviços técnicos.[234]

As sociedades cooperativas são do tipo simples, mas por força de lei, seus atos são arquivados na Junta Comercial, o que vem demonstrar a sua natureza híbrida, fazendo confundir e vacilar o legislador que ora adota por certos atos o disposto às sociedades do regime civil, ora exige atos próprios dos empresários.[235]

Busca de nome (*não poderá usar complemento Limitada*).

Requerimento-padrão – capa do processo (*cor marrom*).

Ata da Assembléia Geral de Constituição (*3 vias*), assinada por todos os sócios (*mínimo 20*).

Estatuto na íntegra, salvo se transcrito na Ata de Constituição (*3 vias*).

Lista normativa de associados.

Declaração de desimpedimento dos diretores, com firma reconhecida.

Ficha cadastral FCN - 1 (*2 vias*).

Ficha cadastral FCN - 2 (*2 vias*), de todos os diretores.

CNPJ - Cadastro Nacional de Pessoa Jurídica (*2 vias*).

Quadro societário (*2 vias*), de todos os diretores.

Fotocópia do RG, órgão emissor e unidade federativa, e o CPF.

Comprovante de residência de todos os diretores.

Comprovante de endereço da cooperativa.

---

[234] Diniz, Maria Helena. *Curso de Direito Civil Brasileiro*, 18ª ed., São Paulo, Saraiva, 2002, vol. 1, p. *221 (arts. 997 a 1.038 CC.*)
[235] Mattos Neto, Antônio José de. Doutor em direito pela Universidade de São Paulo. AASP, agosto 2003, n.º 71. *O Empresário à Luz do Novo Código Civil*, pp. 7 a 14.

Comprovante de recolhimento das taxas GARE e DARF.[236]
Rubricas de todos os diretores.

O Simples e as Cooperativas: – a participação de empresas, sócios ou titulares de companhias no capital de cooperativas de crédito não é mais obstáculo para que essas possam optar pelo sistema unificado de tributação da Receita Federal e o Simples. Para optar pelo Simples a empresa terá que fazer sua inscrição no CNPJ, na condição de microempresa ou empresa de pequeno porte, pois o impedimento foi suspenso com o advento de Medida Provisória que disciplina esse sistema: – dispõe que as pessoas jurídicas participantes do capital de outras pessoas jurídicas, bem como os sócios ou titulares que participem com mais de 10% do capital de outra empresa não podem optar pelo Simples quando a receita bruta global ultrapassar o limite de R$1,2 milhão.[237]

---

[236] Código de Receita. 370-0, 6.621.
[237] Medida Provisória 107; a Lei n.º 9.317/96 e Instrução Normativa SRF 333/2003, Cooperativa de Crédito – cobrança imposto de renda.

6. DO MANUAL DE INSTRUÇÃO PARA PREENCHIMENTO DOS FORMULÁRIOS DE SOCIEDADE LIMITADA

6.1 Declaração de Microempresa *(impresso papelaria)*

→ Preencher em três vias por completo, sem rasuras.

→ Preencher com a localidade, data, nome e assinatura do titular.

6.2 Cadastro Nacional de Pessoa Jurídica – CNPJ[238]

→ Preencher o campo 01 com o código 101[239] e o código 301 para opção ao Simples, se for o caso.

→ Preencher o campo 06 com o código 206-2 ou 213-5.

→ Preencher o campo 09 com o porte da empresa.

→ Preencher o campo 11 com o código de acordo com a tabela de classificação de atividades econômicas e descrever a atividade econômica principal.

→ Preencher com o endereço completo do estabelecimento.

→ Preencher o campo 33 e 34 com o nome completo e número do CPF *(pessoa física sócio-administrador)*.

---

[238] Vide item 20.
[239] Inscrição de empresa brasileira matriz.

→ Preencher o campo 35 com o código 28 (*sócio-administrador*) e 34 do titular.

→ Informar o local, data do preenchimento do formulário e assinatura da pessoa física responsável ou de seu preposto, quando for o caso, mediante apresentação de procuração específica.

→ Preencher sem emendas, rasuras ou borrões.

6.3 Quadro Societário (*2 vias*)

→ Preencher o quadro 2 em ordem seqüencial com o número da folha atual e, após a barra, o número de formulários utilizados.

→ Os campos devem ser preenchidos com os dados referentes a cada integrante do quadro societário e/ou representante legal.

→ Preencher o campo 05 de acordo com as tabelas III e IV, que possuem qualificação do quadro societário e as qualificações por natureza jurídica respectivamente.

→ Preencher o campo 06 com o código referente à natureza do evento e data.

→ Preencher o campo 07 com o percentual da participação no capital social.

→ Informar o local, data do preenchimento do formulário e assinatura da pessoa física responsável ou de seu preposto, quando for o caso, mediante apresentação de procuração específica.

→ Preencher sem emendas, rasuras ou borrões.

→ No caso de reentrada, trazer esta folha de análise prévia e o recibo, sob pena de novo pagamento do preço.

6.4 Requerimento-padrão – capa do processo (*cor marrom*)

→ Preencher por completo o requerimento-padrão sem emendas, borrões ou rasuras.

→ Preencher o quadro referente ao regime sumário.

→ Preencher o quadro "**A**"; no caso de constituição e enquadramento como "ME", preencher dois quadros "**A**" e "**C**".

→ Preencher com a denominação e/ou razão social.

→ Preencher por completo endereço da empresa.

→ Preencher com o código de atividade 07.

→ Preencher com campo 17.

→ Preencher o prazo de duração com os números 2 (*indeterminado*) ou 4 (*determinado*), conforme o contrato social campo 18.

→ Preencher capital da empresa com os números 1 (*nacionais*), 2 (*participação estrangeira*) ou 3 (*estrangeiro*) campo 19.

→ Preencher com o valor do capital, conforme consta no contrato social 21.

→ Preencher com a data de início da atividade, conforme consta no contrato social.

→ Preencher o campo 23 (*depende de autorização*) com as letras "**S**", ou "**N**" conforme consta no contrato social.

→ Preencher o campo 24 no caso de abertura de filial em conjunto com a constituição "*Ltda.*"

→ Preencher com os valores efetivamente recolhidos campo 30.

→ Anexar ao processo as duas vias do GARE e uma via do DARF devidamente recolhidos na rede bancária.

→ Identificar o representante da empresa com o nome por extenso, sem abreviar, assinatura e data.

→ Anexar busca prévia de nome empresarial.

6.5 Contrato Social

→ O contrato social deverá ser redigido em 3 (três) vias, sem emendas, borrões, rasuras ou entrelinhas.

→ Constar a qualificação completa dos sócios, procuradores, representantes e administradores compreendendo para a pessoa física: – o nome civil por extenso, a nacionalidade, estado civil, profissão, domicílio e residência, documento de identidade, número e órgão emissor e unidade federativa (*cópia autenticada*), número de inscrição no cadastro de pessoa física – CPF, e para pessoa jurídica, nome empresarial, endereço completo, o número de inscrição no registro de empresas (*NIRE*) ou do cartório competente, o número de inscrição no cadastro nacional pessoa jurídica (*CNPJ*), o nome de seu representante legal com a devida qualificação.

→ Anexar cópia autenticada do documento de identidade e CPF dos sócios

→ Os documentos de identidade admitidos são: – carteira ou cédula de identidade, certificado de reservista, carteira profissional, carteira profissional de estrangeiro, título de eleitor, passaporte autenticado pela autoridade competente.

→ Anexar comprovantes de residência dos sócios e localização da empresa.

→ Os comprovantes aceitos são: – cópia de conta de telefone, água e luz, cópia autenticada do contrato de locação (*registrado*), cópia de correspondência bancária, carnê de IPTU, ou qualquer outro documento emitido por órgão público que comprove existência do endereço.

6.6 Cláusulas contratuais

O nome empresarial, a declaração precisa e detalhada do objeto social, o capital da Sociedade Limitada, a forma e o prazo para integralizar, o quinhão de cada sócio, declaração de ser a responsabilidade dos sócios limitada ao valor do capital social, o município da sede, com endereço completo, bem como endereços das filiais declaradas, o foro contratual, o prazo de duração da Sociedade Limitada, a data de encerramento de seu exercício social, quando não coincidente com o ano civil, retirada de "*Pro labore*" (*participação dos sócios nos lucros ou prejuízos*), administração ou uso de firma, declaração de inexistência de impedimento ou desimpedimento para exercício de atividades empresariais, resolução sobre a hipótese de falecimento de sócio, exercício social e balanços, forma de deliberações sociais.

→ Fazer constar a localidade e data do contrato.

→ Fazer constar os nomes dos sócios e respectivas assinaturas.

→ Fazer constar as rubricas de todos os sócios em todas as folhas do contrato.

→ Fazer constar os nomes das duas testemunhas e assinaturas, com indicação do número do RG, órgão emissor e unidade federativa.

→ Fazer constar visto do advogado com indicação do nome, assinatura e o número de inscrição com a indicação seccional OAB, se não for ME.

6.7 Ficha cadastral modelo FCN - 1 *(2 vias)*

→ Preencher conforme inscrições no verso do formulário.

→ Preencher todos os campos de acordo com o tipo jurídico da sociedade, sem emendas, borrões ou rasuras.

→ Preencher com o número da folha que está sendo preenchida e com o total de folhas que compõem o formulário FCN - 1.

→ Preencher com o código da atividade principal da empresa conforme tabela da Receita Federal.

→ Preencher com a data da assinatura do documento (*campo 21*).

→ Preencher com a data, nome e assinatura do sócio ou representante legal.

6.8 Ficha cadastral modelo FCN - 2 *(2 vias)*

→ Preencher uma para cada sócio, administrador, representante, procurador, representado e integrante, preferencialmente à máquina em duas vias conforme instruções no verso do formulário.

→ Preencher todos os campos de acordo com o tipo jurídico da sociedade, sem emendas, borrões ou rasuras.

→ Preencher com o número da folha que está sendo preenchida e com o total de folhas que compõem o formulário FCN - 2.

→ Preencher o campo 04 com o código da operação referente ao sócio ou administrador.

→ Informar o(s) cargo(s) que exerce na empresa (*até 4 conforme tabela de cargos*).

→ Preencher com a data, nome e assinatura do sócio ou representante legal.

6.9 Alterações

→ Preencher corretamente formulário-padrão conforme instruções nele impressas, inclusive indicando NIRE e CNPJ da empresa.

→ Apresentar o instrumento de alteração do contrato social em 3 (três) vias.

→ O instrumento de alteração não pode ser apresentado com rasuras.

→ Acrescentar a qualificação completa dos sócios (*nome completo, nacionalidade, profissão, estado civil, maioridade, RG, CPF e endereço*).

→ Preâmbulo ou título do instrumento de alteração deve indicar o NIRE e CNPJ da empresa.

→ Quando ingressar sócio pessoa jurídica é preciso NIRE e a qualificação do representante ou procurador.

→ Os sócios que ingressarem na sociedade precisam declarar, através da cláusula de desimpedimento, não estarem incursos em nenhum crime que proíba atividade empresarial.

→ Rubrica dos sócios em todas as folhas do instrumento de alteração.

→ Assinatura dos sócios.

→ Assinatura das testemunhas, identificação com o nome, RG, órgão emissor e unidade federativa.

→ Cópia autenticada do RG e CPF de todos os sócios que estiverem ingressando na sociedade.

→ Formulários da Receita Federal CNPJ – (*Quadro Societário*), devidamente preenchidos.

→ Recolher as taxas GARE (*cód. 370-0*) e DARF (*cód. 6621*), corretamente.

→ Preencher corretamente a ficha cadastral (FCN - 1), em 2 (duas) vias.

→ Preencher corretamente a ficha cadastral (FCN -2), em 2 (duas) vias se for o caso.

6.10 Recolhimento das taxas e os códigos de receita

Tabela de Serviços e Taxas	Gare	Darf
	370-0	6621

→ Firma Individual

Constituição	24,00	2,05
Alteração / Baixa	24,00	2,05
Enquadramento de EPP	0,00	0,00
Enquadramento de ME	0,00	0,00
Desenquadramento ME	0,00	0,00

→ Sociedade Limitada

Constituição	54,00	5,06
Alteração / Baixa	54,00	5,06
Alteração de ME	0,00	0,00
Busca de nome empresarial	9,00	0,00

→ Cooperativa

Constituição e Ata	128,00	5,06
Encerramento – filial	128,00	0,00

→ Sociedade por Ações (SA)

Constituição e Ata	128,00	5,06
Encerramento de filial	128,00	0,00

→ **Consórcio e Grupos de Sociedade**

Qualquer ato	153,00	5,06
Pedido reconsideração 66,00	128,00	0,00
(individual)	*(limitada)*	*(Cooperativa)*

→ **Documentos Interesse da Sociedade Ltda.**

Procuração, publicação, alvará, ata   37,00   0,00

→ **Consulta a Documentos**

Ficha de breve relato (*por empresa*)	9,00	0,00
Certidão simplificada	9,00	0,00
Certidão de Breve Relato	19,00	0,00
Fotocópia 10,00 15,00	25,00	0,00
(individual) (Ltda.)	*(S/A)*	*(Cooperativa)*
Recurso 52,00 52,00	28,00	0,00
(individual)	*(Ltda.)*	*(Cooperativa)*

OBS.: Valores sujeitos a correção.

7. DO MANUAL DE INSTRUÇÃO PARA O PREENCHIMENTO DOS FORMULÁRIOS DE FIRMA INDIVIDUAL

7.1 Declaração de Microempresa

→ Preencher em 3 vias por completo, sem rasuras.

→ Preencher com a localidade, data, nome e assinatura do titular.

7.2 Requerimento-padrão – capa do processo *(cor azul)*

→ Preencher por completo o requerimento-padrão, sem emendas, ou rasuras.

→ Anexar busca prévia de nome empresarial.

→ Preencher o quadro "**A**", no caso de constituição e enquadramento como ME, preencher os dois quadros "**A**" e "**D**".

→ Preencher o nome empresarial por completo (*sem abreviar*).

→ Preencher por completo o endereço do estabelecimento.

→ Preencher os valores recolhidos (*GARE-370-0 e DARF 6621*) campo 06.

→ Anexar ao processo as 2 vias da GARE e uma via do DARF, recolhido no banco.

→ Identificar o titular ou representante da empresa, com o nome por extenso (*sem abreviar*), assinatura e data.

7.3 Declaração de "firma" empresário individual *(4 vias)*

→ Preencher em 4 vias sem emendas, borrões ou rasuras assinado pelo titular da empresa ou por seu procurador.

→ Preencher com o nome do titular por completo.

→ Preencher com o nome da cidade e sigla do Estado de onde o titular é natural.

→ Preencher nacionalidade e país por extenso.

→ Preencher o estado civil, conforme o caso, solteiro, casado, viúvo, separado judicialmente, divorciado.

→ Preencher a filiação com os nomes dos pais por extenso (*sem abreviar*).

→ Preencher com a data do nascimento.

→ Preencher com a profissão atual ou a última exercida ou, então, optar pela profissão de comerciante.

→ Preencher o número do CPF.

→ Anexar no pedido de registro fotocópia do CPF do titular da firma individual pessoa responsável pelo CNPJ sendo necessária a sua autenticação.

→ Preencher com o número e com as siglas do órgão expedidor e a unidade federativa do documento que serve como prova de identidade do titular.

→ Anexar ao pedido de registro fotocópia autenticada documento de identidade.

→ Os documentos de identidade admitidos: – carteira de cédula de identidade, certificado de reservista, carteira profissional, ministério do trabalho, título de eleitor.

→ Preencher por completo o endereço da residência do titular.

→ Anexar comprovantes de residência que poderão ser: de luz, telefone, de IPTU.

→ Preencher o campo 02 (*atos*) com o número "**1**" (*constituição*).

→ Preencher o nome empresarial, a firma individual e o nome utilizado pelo empresário mercantil individual, sendo que só poderá adotar como firma o seu.

→ Próprio nome, aditado, se quiser ou quando já existir nome empresarial idêntico de designação mais precisa de sua pessoa ou de sua atividade.

→ Preencher por completo o endereço da empresa.

→ Anexar o comprovante de endereço da empresa, de luz, telefone, de IPTU etc.

→ Preencher com o valor do capital da empresa e, em seguida, declarar o valor do capital por extenso.

→ Preencher com a data de início das atividades podendo ser a do preenchimento do processo anterior.

→ Preencher com a atividade econômica da empresa de maneira clara e objetiva, indicando o gênero e espécie do objeto da empresa mercantil, sem qualquer abreviatura e com o código de atividade de acordo com a tabela de atividade econômica adequado ao espaço.

→ Preencher com a data e assinatura do titular ou seu procurador.

→ Menores de 18, emancipados, indicar emancipado por entre as linhas destinadas ao nome do titular e a naturalidade.

→ Quando a palavra ou número inscrito ao final da primeira linha tiver continuidade na linha seguinte, essa deve ser utilizada a partir do primeiro espaço. Senão, continuar o registro a partir do segundo espaço da linha seguinte, deixando o primeiro espaço em branco.

7.4 Anotação

→ Requerimento-padrão – capa do processo (*cor azul*).

→ Declaração de firma individual (*4 vias*).

→ CNPJ - Cadastro Nacional de Pessoa Jurídica (*inscrição do estabelecimento*).

→ Fotocópia do cartão do CNPJ.

7.5 CNPJ – Cadastro Nacional de Pessoa Jurídica[240]

→ Preencher o campo 01 com o código 101[241] e o código 301 para opção ao **SIMPLES,** se for o caso.

→ Preencher os campos 06 com o código 206-2 ou 213-5.

→ Preencher o campo 09 com o porte da empresa.

→ Preencher o campo 11 com o código de acordo com a tabela de classificação de atividades econômicas e descrever a atividade econômica principal.

→ Preencher com endereço completo do estabelecimento.

→ Preencher os campos 33 e 34 com o nome completo e número do CPF (*pessoa física sócio-administrador*).

→ Preencher os campos 33 com o código 28 (*sócio-administrador*), e 34 do titular.

→ Informar o local, data do preenchimento do formulário e assinatura da pessoa física responsável ou seu preposto, quando for o caso, mediante apresentação de procuração específica.

→ Preencher sem emendas, rasuras ou borrões.

7.6 Recolhimento das taxas e código de receita

→ Comprovante de recolhimento de taxas GARE e DARF; se ME apenas GARE (*vide tabela item anterior 6.10*).

---

[240] Vide item 20.
[241] Inscrição empresa brasileira matriz.

8. ORIENTAÇÕES E PROCEDIMENTOS

8.1 Modelo de Recurso à Junta Comercial – JUCESP

Ilmo. Sr. Presidente da Junta Comercial do Estado de São Paulo – Capital

Processo n.º ..../............

Fulano de Tal (*qualificação*), estabelecido *(cidade e CEP)*, vem mui respeitosamente requerer a V. Sa., com fundamento no Decreto n.º 1.800/96, e aos fatos a seguir expostos:

1- Que em exemplo foi dada entrada o requerimento de (*constituição / alteração/ baixa*) da empresa (*qualificar*).

2- Que foram preenchidos todos os requisitos legais de praxe, para os atos submetidos ao registro público de empresas mercantis e atividades afins.

3- Que não foi emitido (*ocorrência*); aduz ainda tal procedimento foi contrário à decisão regulamentada, ou seja, excesso de prazo.

Mediante o exposto requer seja emitido o cartão do CNPJ da filial, conforme Lei n.º 8.934 de 18 de novembro de 1994.

N. Termos,
Pede e espera deferimento
Data .... / ..../ ....

9. SOCIEDADE SIMPLES – DOCUMENTAÇÃO PARA INSCRIÇÃO NO CNPJ DE SOCIEDADE PRESTADORA DE SERVIÇOS OU ASSOCIAÇÕES

→ Cadastro Nacional de Pessoa Jurídica CNPJ e quadro societário devidamente preenchidos em 2 vias e sem rasuras.[242]

→ Preencher todos os itens da CNPJ, com exceção dos itens 02, 17 e 26 de uso exclusivo da Secretaria da Receita Federal.

→ Cópia simples e original do contrato social registrado para as sociedades ou das atas de fundação, eleição e estatuto registrado para as associações.

→ Cópias simples do CPF e RG e o comprovante de endereço de todos os sócios.

→ No caso de associações somente do presidente.

→ Cópia do comprovante de localização da sociedade ou da associação: de luz, telefone, IPTU, contrato de locação com firma reconhecida, correspondência bancária ou alvará da prefeitura.

→ Cópias simples dos recibos de entrega de declaração de imposto de renda pessoa física dos últimos 5 anos de todos

---

[242] Adquiridos em papelaria juntamente com as instruções de preenchimento.

os sócios ou declaração de que estavam desobrigados de apresentá-las.

→ A documentação está sujeita a alterações devidas à edição das instruções normativas.

10. SOCIEDADE POR AÇÕES (CONSTITUIÇÃO)

→ Requerimento-padrão – capa do processo.
→ Ata de constituição e do estatuto social.
→ Boletim de subscrição em 3 vias.
→ Depósito bancário referente ao capital realizado (*moeda corrente*).
→ Ficha cadastral – FCN -1 e FCN - 2 de todos os membros, inclusive acionista com mais de 10% do capital.
→ Ficha de inscrição da sede (*FIESP*), CNPJ em 3 vias, e o Quadro Societário.
→ Fotocópia do CPF, RG e o comprovante de residência de toda a diretoria.
→ Laudo de Avaliação, se houver conferência dos bens.
→ Comprovante de recolhimento de taxas GARE e DARF.

11. SOCIEDADE SIMPLES – EMPRESA PRESTADORA DE SERVIÇOS

11.1 Roteiro de preenchimento dos documentos necessários a serem encaminhados para Cartório, Receita Federal e Prefeitura

→ Formulário para registro de empresa.

→ Fotocópias do CPF e do RG de cada um dos sócios.

→ IPTU da sede da empresa frente e verso *(autenticadas)*, do ano vigente e anterior.

→ Comprovante de residência de cada um dos sócios *(1 original, 1 cópia)*, devendo ser: – de luz ou telefone do mês anterior, ou extrato bancário, cartão de crédito, acompanhado da declaração de residência com firma reconhecida.

→ Confirmar valor da taxa a ser recolhida de acordo com capital social.

11.2 Receita Federal – Inscrição

→ Cadastro Nacional de Pessoa Jurídica – CNPJ, objeto social e atividade *(campo 04 e 12)* e do anexo o quadro societário em 2 vias, ficha de identificação cód. CNAE – fiscal prestação de serviço *(campos 04, 06 e 09)*.

11.3 Prefeituras dos Municípios do Estado de São Paulo – Inscrição

→ GDC – (*Guia de dados cadastrais*) em 3 vias. Capital.

→ DRM – Inscrição Cadastro Imobiliário. Guarulhos. O preenchimento de formulário deverá ser feito por meio eletrônico (*na tela do computador*) ou à máquina. O encerramento das atividades, transferências e alterações deverão ser comunicados a esta Prefeitura dentro do prazo de 30 (*trinta*) dias a contar da data em que se verificou a ocorrência. A falta desta comunicação importará na presunção leal de continuação das atividades sendo lançados os tributos normalmente. O infrator ficará sujeito às penalidades legais.[243]

11.4 Cartório

→ Contrato Social – para que seja registrado o cartório cobra uma taxa de acordo com o valor do capital social, através de um cheque nominal ao cartório.[244]

11.5 Registro no Conselho Regional

→ Se a atividade da empresa depender do registro no Conselho Regional, a taxa será cobrada por este.

11.6 Declaração de Microempresa e Empresa de Pequeno Porte

→ Para enquadramento apresentar declaração em 3 vias para ambos os casos e, caso seja necessário, apresentar comunicação.

---

[243] Arts. 17 e 33 itens VII, VIII e IX da Lei n.º 5.446/99.

[244] Exemplo: Se o valor do capital social for de R$ 400,00 (*quatrocentos reais*), a taxa cobrada mínima será no valor de R$ 37,59 (*trinta e sete reais e cinqüenta e nove centavos*). Se o valor do capital social for de R$ 2.000,00 (*dois mil reais*), a taxa cobrada mínima será no valor de R$ 72,60 (*setenta e dois reais e sessenta centavos*).

11.7 Contrato Social

→ O contrato social deverá ser elaborado em 4 vias, com firma reconhecida de todas as assinaturas, com exceção das assinaturas do advogado.

Obs. – Na modalidade de sociedade simples não é necessária a inscrição na Secretaria de Estado do Negócio da Fazenda para obtenção da inscrição estadual.

12. SOCIEDADE SIMPLES[245] – EMPRESA INDIVIDUAL

12.1 Instruções – Registro em Cartório

→ Apresentar 3 cópias autenticadas do CPF e do RG.

→ Apresentar 3 cópias autenticadas do IPTU da sede da empresa frente e verso, do ano vigente e anterior.

→ Comprovante de residência (*1 original, 1 cópia*), devendo ser: conta de luz ou telefone do mês anterior, ou extrato bancário ou cartão de crédito, acompanhado da declaração de residência com firma reconhecida; contrato de locação registrado em cartório e autenticado. Deve-se observar se o nome no IPTU é o mesmo do contrato de locação. Se houver diferença, providenciar cópia autenticada com firma reconhecida da escritura ou do contrato de compra e venda do imóvel.[246]

→ Quando se tratar de herdeiros, apresentar cópia autenticada do Formal de Partilha onde constem os nomes dos mesmos.

→ No caso de o empresário ser o proprietário do imóvel, providenciar uma declaração cedendo a área total ou parcial para a sede da empresa, declaração com firma reconhecida.

---

[245] Súmula 276 STJ – Poderão buscar direito de não pagar a Cofins, como compensação de valores pagos indevidamente no judiciário, por não produzir o efeito *erga omnes*.

[246] Se não for possível registrar o contrato, o locador deverá apresentar a declaração de que está cedendo área total ou parcial do imóvel para a abertura da empresa.

→ Declaração com firma reconhecida do empresário titular, com croqui no verso identificando a parte cedida pelo proprietário para instalação da microempresa, quando esta for junto à residência, porém, com entradas independentes.

12.2 Receita Federal – Sociedade Empresarial

→ www.receita.fazenda.gov.br.

→ Acervo da junta comercial, disquete com etiqueta de identificação, FCPJ, QSA, FC, contrato social, RG e CPF, endereço dos sócios e empresa, enquadramento e documento básico de entrada - DBE, do CNPJ, original e firma reconhecida.

→ DARF - Documento de Arrecadação de Receitas Federais em 3 vias.[247]

12.3 Prefeitura dos Municípios de São Paulo e Guarulhos

→ GDC - Guia de Dados Cadastrais, se for empresa comercial.

→ Anexar contrato social e CNPJ, para obter CCM.

→ Guarulhos – DRM – Inscrição Cadastro Mobiliário.

→ O preenchimento de formulário deverá ser feito por meio eletrônico *(na tela do computador)* ou à máquina. O encerramento das atividades, transferências e alterações deverão ser comunicados a esta Prefeitura dentro do prazo de 30 *(trinta)* dias a contar da data em que se verificou a ocorrência. A falta desta comunicação importará na presunção legal de continuação das atividades sendo lançados os tributos normalmente. O infrator ficará sujeito às penalidades legais.

→ Formulário:

→ Nome ou razão social completo *(não abreviar)*.

---

[247] No atual valor de R$ 2,06 *(dois reais e seis centavos)*.

→ Local de atividade *(ou endereço domiciliar, no caso de profissionais autônomos não estabelecidos)*.

→ Endereço completo, área utilizada, ramo de atividade que exerce.

→ CNPJ, inscrição estadual, número do contrato social; NIRE - JUCESP, data da abertura, data do encerramento, data da alteração, opção pelo Simples, registro em órgão de classes, inscrição no cadastro imobiliário - IPTU.

→ Tipo de publicidade utilizada, nome e endereço domiciliar do titular, sócios ou diretores, órgão de classe, CPF e RG, se escritório de contabilidade o nome do contador.

→ Importante: – no regime de autolançamento, o recolhimento do ISSQN deverá ser efetuado por meio de boleto - guia até o dia 07 do mês subseqüente ao do faturamento, sendo que a inobservância deste item acarretará no recolhimento do tributo acrescido de multa, juros de mora e correção monetária;[248] no regime de estimativa, o recolhimento do ISSQN deverá ser efetuado por meio de boleto, que será entregue no domicílio fiscal do contribuinte; em se tratando de abertura de firma ou alteração de ramo, os recolhimentos do ISSQN em atraso poderão ser efetuados no prazo de 20 *(vinte)* dias, contados da data do presente protocolado, sendo necessária a apresentação deste formulário; a autenticação dos primeiros livros fiscais deve ser efetuada pela Seção administrativa de Cadastro Fiscal, sendo imprescindível a apresentação deste formulário; a impressão de documentos fiscais *(notas fiscais, impressos, etc.)* deve ser autorizada pela Seção administrativa de cadastro fiscal, por meio da AIDF *(instrução normativa 001/87 - SF)*; os contribuintes enquadrados no regime de profissionais autônomos estão dispensados da adoção de livros e notas fiscais de serviços; em se tratando de profissional

---

[248] Decretos n.º 6.098/77, 15.783/90, 18.685/94, 4.060/96; arts. 17 e 33, VII, VIII e IX da Lei n.º 5.446/99.

autônomo, a comunicação encerramento da atividade por vínculo empregatício deverá ser a data da admissão.

→ Razão social anterior, endereço anterior, outras alterações, data da transferência de firma solicitada.

12.4 Declaração de Microempresa e empresa de pequeno porte

→ Para enquadramento apresentar em 3 vias para ambos os casos e, caso seja necessário, apresentar comunicação.

Obs. – A inscrição no INSS, será automaticamente quando do registro na JUCESP E SECRETARIA DA RECEITA, para obter-se CMA - Certificado de Matrícula e Alteração.

13. SECRETARIA DO ESTADO E NEGÓCIOS DA FAZENDA – SOCIEDADES EMPRESÁRIAS

→ FIC – Ficha de Inscrição Cadastral da Secretaria da Fazenda, apresentando a GARE – Guia de Arrecadação Estadual,[249] em 3 vias.

→ Alteração cadastral – Ordem da apresentação dos documentos exigidos:

→ DECA de Alteração em 4 vias (*usar carbono cor preto*).

→ Gare (*código 167-3*) R$14,04 ou R$21,53 em 2 vias originais.

→ Original da FIC (*Ficha de Inscrição Cadastral*) e original da DECA anterior.

→ Original do cartão de CNPJ e fotocópia.

→ Original do protocolo da Saúde e fotocópia.

→ Original da JUCESP e fotocópia.

→ Original do contrato de locação registrado ou IPTU e fotocópia.

→ Original da licença CETESB/anexo e fotocópia.

→ Original do DECAE mais a capa.

→ Original do informativo de ME.

→ Original da D.M.E. (*DIPAM*) do ano em curso, mais anterior e fotocópia.

---

[249] Valor atual vigente R$ 11,90 *(onze reais e noventa centavos)*.

- Original da declaração de Ativo e Estoque (*assinam transmitente e sucessor*).
- Original do pedido de uso processamento de dados (*deferido*) e fotocópia
- Fotocópia do CPF e RG *(signatário da DECA, sócios ingressantes e procurador)*.
- Fotocópia do comprovante de residência *(signatário, ingressantes, procurador)*, ou...
- Declaração de residência *(assinada pelo próprio interessado)*.
- Notas fiscais de transferência de ativos e estoques ou...
- Declaração de inexistência por ocasião de mudança de endereço.
- Originais das últimas 12 GIAS ou última DIPAM – ME(s).
- Livro modelo 6 (*registro de ocorrências*) ou 1 A *(entradas)*.
- 36 últimas GIAS com protocolo *(originais não tirar fotocópia)*.
- DIPAMs dos 3 últimos exercícios, mais ano em curso e fotocópia.
- Declaração onde justifique a não entrega.

Documentos Exigidos:
- Alteração Razão Social ...., 1, 2, 3, 5, 13, 14/15, 18 e 19. Comunica a alteração de .... para .... conforme alteração registrada na JUCESP sob nº .... em .... solicita autorização para aposição de carimbo, com as alterações havidas nas notas fiscais remanescentes em Branco, série .... do n.º .... ao nº ....

→ Alteração sócios ...., 2, 3, 5, 13, 14/ 15, 18 e 19. Retira-se da sociedade .... e ora admitido .... conforme alteração contratual registrada na JUCESP sob n.º .... em ....../....../........

→ Alteração endereço ...., 1, 2, 3, 4, 5, 6, 7 *(indústria)*, 8, 13, 14/15, 16/17, 18 e 19. Comunica a alteração de endereço de .... para .... conforme alteração contratual registada na JUCESP sob n.º .... em ..../......./......... Solicita autorização para aposição de carimbo, com as alterações havidas nas notas fiscais remanescentes em branco, série .... do n.º .... ao n.º ....

→ Alteração endereço ME ...., 1, 2, 3, 4, 5, 6, 9, 13, 14/15, 16/17, 18 e 19 *(se indústria)*. Comunica a alteração de endereço de .... para .... conforme alteração contratual registada na JUCESP sob nº .... em ..../......./......... Solicita autorização para aposição do carimbo com as alterações havidas nas notas fiscais remanescentes em branco, série .... do n.º .... ao n.º ....

→ Enquadramento RME ...., 1, 2, 3/5 *(exceto ME(s) federais)*, 8, 10, 13, 14/15, 18 e 19. Enquadramento de ME a partir de .... sempre no mês seguinte à alteração no PF. Alteração da razão social de .... para .... ME. Alteração do regime de apuração de .... para RME. Conforme alteração registrada na JUCESP sob n.º .... em .... Apresenta já inutilizadas, para cancelamento as Notas Fiscais série .... do n.º .... ao n.º. .... Declaro preencher o requisito mencionado na alínea A e B do inciso I do art. 1º, e que não se enquadra nas vedações indicadas no art. 2º da Lei n.º 10.086 de 19/11/1998 e que está ciente de que a sua permanência no regime está convencionada à observância das disposições legais estabelecidas na legislação. Obs: não podem ser excluídos os modelos 1 ou 1. A e 6.

→ Desenquadramento ME ...., 1, 2, 3/5/7 *(inclui ME(s) federais)*, 8, 10, 14/15, 18 e 19. Desenquadramento do regime de ME a partir de ..../.........../............ Alteração do regime de ME para .... Alteração da razão social de .... para .... conforme alteração contratual registrada na JUCESP sob n.º .... de ..../............/............ Estoque de mercadorias da data de desenquadramento. Mercadorias tributadas .... Mercadorias não tributadas .... Total .... conforme registro no livro modelo 7. Apresenta já inutilizadas as notas fiscais série .... do n.º .... ao n.º .... para cancelamento; se não as tiver, anotar o fato. Obs: adoção de livros, se comércio, 2 A, 6, 7 e 9; se indústria, 2, 3, 6, 7, 8 e 9. Caso a empresa desenquadre apenas no Estado incluir no campo 55 *Gozará de benefícios concedidos as Microempresas apenas no âmbito federal.

→ Convalidação de escrita ...., 2, 12, 13, 14/ 15, 18 e 19 *(caso não possua, adotar livro modelo 6 n.º 01)*. Convalidação de escrita por processamento de dados dos livros modelos *(1 A, 2 A, 7, 8, e/ou 9)* a partir de ..../ ..../.......... até ..../............/........... conforme cópia anexa do deferimento. Solicita adoção do livro modelo 6 n.º 01(**). (*) data do deferimento. (**) Caso haja necessidade de adoção do livro modelo 6 deverá estar preenchido e assinado.

→ Solicitação FIC ...., 1, (R$ 21,53), 2 (DECA anterior), 13, 14/15, 18 e 19. Solicitação de 2ª via da FIC, cancelamento por mudança de Município, da rua .... Município de .... Inscrição estadual n.º .... para a rua .... Município de .... inscrição. Declara que a FIC .... *(Município)* encontra-se extraviada.

→ Cancelamento- Mudança de Município............, 2, 3, 5, 10, 13, 14/15, 19, 20 e 21/22

Observação: a) apresentar documentação estritamente necessária, originais e respectivas fotocópias, respeitando o ordenamento acima sugerido; **b)** fotocópias autenticadas dispensam a apresentação dos originais; **c)** procuração particular sempre original com firma reconhecida *(2º procurador assina no campo 55.4)*; **d)** comprovantes de residência, nome e local devem conferir com o informado na DECA; extratos e avisos bancários, carnês, certificado de registro de veículo não são aceitos; **e)** caso a FIC esteja extraviada, preencher e datar o campo 22 da DECA de alteração, anexando GARE única no valor de R$ 21,53 em 2 vias; **f)** regime estimativa (3): caso o campo 42 da DECA não seja preenchido com a quantidade de UFESPs mensal, a mesma não será processada. Preenchimento de campo 55, vide modelos no verso – os dados do contador ou responsável devem obrigatoriamente constar neste campo.

14. PROFISSIONAL AUTÔNOMO

14.1 Instruções para o preenchimento do formulário de inscrição caso do empreendedor – CCM

a) Sem estabelecimento: apresentar cópia autenticada do RG e CPF comprovante de endereço residencial em nome do requerente.

b) Com estabelecimento: deverá ser do imposto predial a ser preenchido na guia. O GDC – Guia de Dados Cadastrais *(adquirir em papelarias)* e registro do órgão de classe *(Conselho Regional)*, dependendo da profissão. O preenchimento da GDC deverá ser datilografado ou tudo à caneta esferográfica azul ou preta; campo 02 "x"; preencher o campo 03 *(CPF)*, campo 09 *(nome completo, sem abreviatura ou nome fantasia)*; campo 10 ao 21 *(endereço sendo que os campos 10 e 11 deverão ser copiados do imposto predial)*; campos 23, 24 ou 25 *(uma única opção)*; campo 26 *(profissão a ser exercida como autônomo)*; campo 27 *(código de estabelecimento – consultar tabela de TLIF no arquivo "códigos ISS – TLIF")*; campo 28 *(data)*; campo 29 *(quantidade de empregados que possui – se não possuir "0")*; campo 31 *(código de serviço – consultar a tabela de ISS no arquivo "códigos ISS – TLIF")*; na tabela o código de serviço já vem acompanhado do respectivo código de estabelecimento *(campo 27)*; campo 32 *(a mesma data do campo 28)*; campos 33, 35 e 39 com suas respectivas datas somente deverão ser preenchidos se for exercer, como autônomo, profissões com códigos de serviço diferentes, do contrário deixá-las em branco; campos 62, 63 e 64 *(respectivamente data, dados pessoais e assinatura do próprio contribuinte, sendo obrigatória a apresentação de procuração com firma reconhecida para assinatura de terceiros)*; verso da guia *(preencher o número do registro do órgão de classe, quando for o caso)*; verso da guia *(preencher o endereço residencial, quando o endereço de cadastro for comercial)*; verso da guia *(preencher o endereço da banca somente para a atividade de banca de jornais e revistas)*.

15. SOCIEDADE DE PROFISSIONAIS – PESSOA JURÍDICA

15.1 Contrato Social – apresentar para constituição da empresa, estatuto ou registro de firma individual conforme o caso, CNPJ do estabelecimento a ser cadastrado no CCM, imposto predial do exercício atual, GDC – guia de dados cadastrais *(adquirir em papelaria)*, RG/CPF do sócio que for assinar a GDC, procuração com firma reconhecida *(se a GDC for assinada por procurador)*; preenchimento da GDC: – campo 03 *(número do CNPJ da empresa a ser cadastrada no CCM)*; campo 09 *(razão social)*; campos 10 a 21 *(endereço, sendo que os campos 10 e 11 devem ser copiados do imposto predial)*; campo 26 *(atividade conforme consta no objetivo social)*; campo 27 *(código de estabelecimento, consultar arquivo "código ISS – TLIF")*; campo 28 *(data do registro do contrato social, estatuto ou registro de firma individual)*; campo 29 *(quantidade de empregados; se não possuir, preencher "0")*; campo 30 *(somente para código de estabelecimento 23000)*; campos 31, 33, 35, 37, 39 e suas respectivas datas *(igual campo 28)*. Deverão ser preenchidos se possuir atividades de prestação de serviço *(neste caso, consultar a tabela de códigos de serviço no arquivo "**códigos**")*, não devendo nunca ser repetido um mesmo código anteriormente informado. Campos 51 e 52 *(somente sociedades de profissionais com código de serviço com ISS anual deverão preencher estes campos)*; campo 53 *(colocar 1, 2, 3 ou 4 conforme número de ordem do CGC preenchido no campo 03)*; campos 54 e 55 *(preenchimento facultativo, porém, se preencher o campo 54,* *deverá preencher também o campo 55 e vice-versa)*; campos 62, 63 e 64 *(data, dados do sócio que vai assinar a guia e assinatura, respectivamente)*, assinatura de terceiros só com procuração com firma reconhecida; verso da guia *(dados completos de todos os sócios* – campo **M***)* – se houver mais de 5 sócios anexar uma nova GDC com os dados dos demais sócios; campos relativos a cancelamento *(não preencher nenhum deles)*; procurador *(obrigatório se quem assinou a guia não é sócio da empresa a ser cadastrada no* CCM*)* – juntar procuração com firma reconhecida.

16. EMPRESA DE SEGURANÇA / VIGILÂNCIA

Roteiro para autorização de funcionamento de empresa especializada em vigilância:

Requerimento dirigido ao Sr. Diretor Superintendente Regional – DPF – SP, solicitando vistoria nas instalações, análise e encaminhar o processo à CCP / DPF.

Comprovante de pagamento de taxa de 1.000 (*mil*) UFIRS, em guia DARF.[250]

Requerimento dirigido ao Coordenador Central do Departamento de Polícia Federal, firmado pelo representante legal da empresa, contendo razão social, CNPJ, endereço completo e telefone, solicitando autorização para funcionamento como empresa especializada em vigilância no Estado de São Paulo, juntando os seguintes documentos:

→ Cópia dos atos constitutivos, registrados no cartório de registro de pessoas jurídicas ou na Junta Comercial, contendo: razão social, espelhando a atividade da empresa *(vigilância)*; objetivo social[251]; o capital inicial não inferior a 100.000 (cem mil) UFIRS. Comprovantes de inscrição nos órgãos administrativos federais (*CNPJ, INSS, FGTS*),

---

[250] Código 5.560.

[251] "A empresa destina-se à prestação de serviços de vigilância armada e desarmada a estabelecimentos financeiros e a outros estabelecimentos", o art. 30, inciso I, Decreto 1.592/95.

estaduais e municipais. Documentos dos sócios e gerentes da empresa: identidade (*cópia autenticada*); Cadastro de Pessoa Física (*CPF/MF*).

Ref.: Portaria 992/95 do Ministério da Justiça, substituindo a Portaria 91/92. Sindicato das Empresas de Segurança Privada e Cursos de Formação do Estado de São Paulo (*SESVESP*).

17. DA ANÁLISE PRÉVIA DE SOCIEDADE LIMITADA – EMPRESÁRIA

→ Preencher todos os campos do requerimento- padrão *(capa marrom)* inclusive data e nome do signatário, excetuando-se os campos 1 e 2.

→ O contrato em instrumento em 3 vias assinado e rubricado nas vias em que não haja assinaturas.

→ FCN -1 – deverá preencher todos os campos, com nome do signatário inclusive a data, exceto o campo 20 e os de uso da Junta.

→ FCN - 2 – deverá preencher todos os campos, sendo uma para cada sócio em 2 vias, inclusive data e nome do signatário, exceto os de uso da Junta.

→ Declaração de ME, inclusive data e assinatura, se for o caso.

→ Comprovante de endereço, cópias autenticadas CPF e RG de todos os sócios e da empresa.[252]

→ Taxas e visto do advogado; se ME não há necessidade.

---

[252] No caso de mulher casada, com nome de solteira juntar Certidão de Casamento e protocolo da Receita Federal do novo CPF. Ler art. 53 Inciso VIII "**b**" Decreto 1.800 *(há proibição de que marido e mulher se associem sob a forma limitada quando o regime de bens do casamento for comunhão ou separação total, art. 977 CC).*

18. DA ANÁLISE PRÉVIA DE FIRMA INDIVIDUAL

→ Na constituição *(ato 1)* preencher os campos 02, 03, 06, 07, 08, 09, 10, ou 13 a 17 *(objeto)*, data de assinatura.

→ Na alteração de dados da Sede *(ato 5)* preencher os campos 03, 06, 09, 12 ou 13 a 17.

→ Na abertura de filial *(ato 2)* preencher campos 03, 04, 06, 07, 08, 10, 12 *(menos o controle)*.

→ No cancelamento de filial *(ato 08)* preencher campos 03, 04, 05, 06, 07, 08 e 12 e a data e assinatura.

→ Na transferência de sede para outra unidade federativa *(ato 7)* preencher campos 03, 04, 06, 07, 08, 09, 10, 12 e *(objeto atividade econômica)* 13 a 17.

→ Na alteração de dados da filial *(em outro Estado)* preencher campos 03, 04, 05, 06, 07, 08 e 12. Data, assinatura, formulário em 4 vias Junta Comercial da sede, depois de autenticadas, sendo que 2 vias devem ser apresentadas à Junta Comercial de outro Estado.

→ Na abertura de filial em outra unidade federativa *(primeira filial ato 4)* preencher campos 03, 04, 06, 07, 08, 09, 10 e 12. Datas e assinaturas, objeto *(atividade econômica)*, apresentar formulários em 4 vias à Junta Comercial da sede, depois de autenticada, 2 vias deverão ser apresentadas à JUCESP do outro Estado.

→ Na proteção ao nome comercial *(ato 00)* preencher campos 03, 04, 12.

→ No cancelamento de sede *(ato 9)* preencher campos 03, 04 e 12.

19. ANOTAÇÕES DIVERSAS

19.1 Modelo de certidão

Comarca.

Vara Cível.

Ofício Cível.

Eu ...., escrivão diretor do cartório ofício cível da comarca de ...., na forma da lei.

Certifica, a pedido verbal de pessoa interessada que, revendo em cartório todos os assentamentos existentes, deles verifiquei constar no livro de tutelas e curatelas sob n.º .... às.. folhas..........., o termo com o seguinte teor: – "Aos tantos dias do mês .... ano..............., nesta cidade de..............., Estado..........., no fórum, sala de despachos do MM. Juiz de Direito da .... vara cível da Comarca de..............., Rd..............., compareceu Fulano de Tal para qualificar a quem foi deferida a Curatela/Tutela provisória de seu .... *(marido, filho)* qualificar, com a obrigação por parte da mesma de dar toda a assistência necessária, cumprindo em tudo com os deveres impostos por lei no exercício do cargo. Aceito por ela dito compromisso, assim prometeu cumpri-lo. Nada mais, lavrei o presente termo que vai devidamente assinado. Eu .... escrevente, digitei; Eu escrevente- chefe, conferi.

19.2 Nome e Prenome

Toda pessoa tem direito ao nome, nele compreendidos o prenome e o sobrenome.[253]

Patronímico vem da árvore genealógica, sufixo que forma o nome, exemplo: –

Paulo Roberto	Cordeiro	Júnior ou Neto
Prenome	patronímico *(nome de família)*	agnome

19.3 Pessoa Jurídica

Entidade a quem a lei empresta personalidade, isto é, é ser que atua na vida jurídica, com personalidade diversa dos indivíduos que a compõe, capaz de ser sujeito de direito e obrigação na ordem civil.

Veja este assunto no tópico - 1.9. Reflexões das sociedades limitadas.

19.4 Realidade das Instituições Jurídicas[254]

Ela colhe em forma de cada teoria citada, não sendo a personalidade jurídica uma ficção, mas uma forma, uma investidura, um atributo, que o Estado defere a certos entes havidos como os merecedores dessa situação.

Teoria da Personalidade jurídica – tem personalidade distinta da de seus membros, a pessoa jurídica tem patronímico distinto, tem vida própria, distinta de seus membros.

Começo da pessoa jurídica – deve ser especificado por meio do estatuto, compromisso, contrato social e ato constituído:

---

[253] Art. 16 CC.
[254] Arts. 40 e seguintes CC.

→ Atos de associação.

→ Fim a que se propõe a pessoa jurídica.

→ Conjunto de bens necessários à consecução deste fim; sendo sociedades simples, são prestadoras de serviços, não realizam nenhum tipo de comércio.

As sociedades coligadas estão devidamente fundamentadas pela Lei das S/A, e Código Civil, aplicando-se a todas as sociedades:

→ As sociedades são coligadas, quando uma participa com 10% ou mais, do capital da outra, e não assume o controle.[255] A participação recíproca está vedada.[256]

→ A sociedade controladora é a titular de direitos de sócio que lhe assegurem o poder de eleger a maioria dos administradores da sociedade controlada de modo permanente. A controladora tem as mesmas obrigações que o acionista controlador.[257]

→ A sociedade subsidiária integral *(sociedade unipessoal com prazo de duração indeterminado)*[258] é a que tem como único acionista uma outra sociedade, que deve ser brasileira.[259] A Lei das SA, não definiu sociedades estrangeiras, mas no Código

---

[255] Art. 243, § 1º da Lei n.º 6.404/76 das S/A, ref. pela Lei n.º 10.303/2001 e arts.1.097 CC e seguintes.

[256] Art. 244 da Lei n.º 6.404/76 das S/A.

[257] Art. 246 c/c os arts. 116 e117, da Lei n.º 6.404/76 das S/A.

[258] Anexo da Resolução Normativa *(deverá ser desconsiderada)* n.º 76, de 28 de dezembro 1998 do DNRC, veda a possibilidade de sociedade estrangeira figurar como sua única acionista.

[259] Art. 251 da Lei n.º 6.404/76 das S/A.

Civil destaca sociedade dependente de autorização.[260] Empresa estrangeira pode ter subsidiária integral no Brasil.[261]

→ O grupo de sociedades é constituído pela controladora e suas controladas, com os recursos e esforços comuns para os empreendimentos. O comando de grupo *(controladora)* deve ser brasileiro. Por convenção tem uma "***Designação***", ao invés de razão ou denominação social.[262] O grupo não admite personalidade jurídica[263] e terá pessoa que o representará perante terceiros.[264]

→ O Consórcio é o contrato pelo qual duas ou mais sociedades, sob o mesmo controle ou não, se comprometem a executar em conjunto determinado empreendimento, e não tem personalidade jurídica e não induz solidariedade.[265] Recebe o nome de *Joint-Venture*, no direito americano.

19.5 A questão do nome comercial

A Denominação social e Razão social.[266]

Como exemplo apresentamos a seguinte composição: – Marques & Santos Peixaria Ltda. ME; (*o processo para a constituição será indeferido, por ser vedado o uso do E comercial),* ou seja, para compor a "denominação social" correta, seria – Marques Santos Peixaria Ltda. ME; e/ou, "razão social", seria:– Marques Santos Ltda. ME.

---

[260] Mas no seu art. 300, manteve em vigor o art. 60 do Decreto *(revogado)* Lei n.º 2.627/40. Arts. 1.134 a 1.141 CC, do Capítulo XI.
[261] Art. 171 CF, revogado pela E. C. n.º 6 de 15 de agosto de 1995, ler arts. 170, IX, 176 e 222 CF.
[262] Art. 267 da Lei n.º 6.404/76 das S/A, reformada pela Lei n.º 10.303.2001.
[263] Art. 266 da Lei n.º 6.404/76 das S/A.
[264] Art. 272, parágrafo único da Lei n.º 6.404/76 das S/A.
[265] Arts. 278 e 279 Lei n.º 6.404/76 das S/A.
[266] Instrução Normativa 53; Art. 1.166 CC em conflito com art. 5º, inciso XXIX CF.

Como é permitido que conste da denominação da S/A *(e apenas desse tipo societário)* o nome de seu fundador, acionista ou pessoa que haja concorrido para o bom êxito do nome da empresa, dois aspectos da nova lei, em matéria de nome empresarial, encontram-se em evidente rota de colisão a tudo aquilo que a evolução doutrinária e jurisprudencial já trouxeram ao tema. No que se refere à abrangência territorial da proteção concedida pelo registro no artigo de lei, o uso previsto neste artigo estender-se-á a todo território nacional, se registrado na forma da lei especial *(artigos de lei – a proteção do nome empresarial circunscreve-se à unidade federativa de jurisdição da JUCESP. Diz em seu parágrafo – poderá ser estendida a outras unidades da federação, a requerimento da empresa interessada, observada instrução normativa; que prescreve, que a certidão simplificada da JUCESP é instrumento hábil para se obter a proteção ao nome empresarial em outra unidade da federação. Por fim, algumas recomendações acerca do polêmico artigo, que prevê uma ação imprescritível para anular a inscrição do nome empresarial obtida mediante violação da lei ou do contrato).*[267]

Portanto, na "denominação social" deverá ser usado o nome *(patronímico)* e a atividade, sem o & comercial. Segundo De Plácito e Silva *(dicionário jurídico)*, por nome comercial se entende o nome adotado por uma pessoa *(física ou jurídica)*, para que, sob o mesmo, realize seu comércio. Quer, pois, indicar a designação, ou a nomeação pela qual a pessoa exerce suas atividades mercantis. Por outro lado, nome do comerciante é aquele que o individualiza no contexto jurídico, assim entendido no caso o universo de pessoas jurídicas a que pertence a

---

[267] Arts. 1.160, 1.166 CC, de acordo com o § 1º, art. 61 Decreto n.º 1.800/96, a proteção do nome empresarial; diz o § 2º pode, IN – DNRC – 56/96; que prescreve: art. 2º, § 2º, alínea *a*, certidão simplificada da JUCESP. Por fim, algumas recomendações acerca do polêmico art. 1.167 CC. E, de fato o STJ editou uma Súmula n.º 142, que previa o prazo de 20 anos para o ajuizamento dessa ação.

empresa, seja ela constituída sob forma de sociedade ou individualmente.[268]

19.6 Objeto Social

→ Há necessidade de que o objeto seja lícito e possível, assegura a Constituição Federal[269]; mas exige a lei prévia autorização governamental: – Montepio, Caixas Econômicas, Sociedades Estrangeiras, Sindicatos, Sociedade de Seguro, Bancos etc.

→ Os objetivos deverão ser idênticos aos da matriz, e não podem ser diferentes; se suprimidos, somente os da filial.

→ Transportes de carga em geral,[270] deve se estabelecer o meio, aéreo, rodoviário e ou marítimo.

→ Transportes de passageiros – terá que se observar e estabelecer o número de veículos.

→ Serviços temporários, o capital deverá ter o valor mínimo de 500 vezes o salário mínimo vigente. *(Lei do trabalho temporário: OIT – Organização Internacional do Trabalho, recomendação, as políticas nacionais deverão velar para que não se possa criar ou utilizar cooperativas para evitar a legislação do trabalho. Atividade-meio e atividade-fim, súmula TST – é expressamente vedada a terceirização de postos de trabalho ligados à atividade fim da empresa. Artigo da Constituição Federal – ninguém será obrigado a fazer ou deixar de fazer alguma coisa em virtude de lei. Portaria: – uma portaria não pode inovar no ordenamento*

---

[268] Exemplo enquanto o nome comercial individualiza a empresa perante sua clientela: Cordeiro Modas, a firma ou razão social ou denominação prestam-se a individualizar juridicamente a empresa, sendo, portanto, nome do comerciante – Indústria de Roupas Cordeiro Ltda.

[269] Art. 166, II CC.

[270] Desde sejam brasileiros os sócios, participação 5% no máximo do valor do capital estrangeiro.

jurídico. *Tal portaria, não obstante ser de legalidade duvidosa, constitui, ao lado da doutrina e jurisprudência importante referência para as empresas que queiram prevenir riscos e problemas, com a fiscalização do trabalho)*.[271]

→ Serviços de Vigilância – o valor mínimo do capital 100.000 UFIRS.[272]

→ Representação Comercial – acrescentar, por conta própria e de terceiros.[273]

19.7 Enunciados SG/JUCESP – Secretaria da Justiça e da Defesa da Cidadania – Junta Comercial do Estado de São Paulo – Uniformização dos critérios de julgamento

SG/JUCESP – n.º 01 a 05/2003.

.............., foram deliberadas pelo Plenário de ordem do Senhor Presidente da JUCESP, temos a informar que com o intuito de uniformizar e harmonizar o critério dos julgadores Singulares e Vogais, a Junta Comercial criou uma série de enunciados que facilitarão o atendimento aos usuários, aproximando o cidadão ao órgão público e tornando o serviço mais célere e eficiente, conforme ditames modernos da Administração Pública.

Referidas modificações, medidas essas que proporcionarão segurança jurídica aos atos trazidos a registro, em virtude da padronização interpretativa da legislação vigente *(Lei n.º 8.934/94, regulamentada pelo Decreto n.º 1.800/96, Lei n.º 6.404/76, e*

---

[271] Lei n.º 6.019/74 – trabalho temporário: OIT – Organização Internacional do Trabalho, recomendação n.º 185 – 85, Súmula TST 331. Art. 5º CF. Portaria 925-28/9/95.

[272] Lei específica n.º 9.017 de 30 de março de 1993; Portaria 992/95 do Ministério da Justiça.

[273] *(Hoje sociedade empresária ou simples)* – Aguardaremos ordenamento da doutrina e jurisprudência. Vide item 19.7 Enunciados – JUCESP e DNRC – Departamento Nacional de Registro do Comércio - www.dnrc.gov.br.

Lei n.° 10.406/02) e da conseqüente harmonização nas análises realizadas na Junta Comercial.

Esclarecemos que para alcançar esses objetivos a JUCESP criou 37 enunciados sobre critérios avaliativos para julgamentos mais uniformes, evitando decisões conflitantes, que necessitem na avaliação, causando maior onerosidade aos usuários.

Em razão disso, a Secretaria da Justiça e da Defesa da Cidadania espera, com mais essa medida, possibilitar a todos os usuários maior transparência, esclarecimentos e informações sobre todos os critérios registrários, pleiteando, dessa maneira, a execução, pela JUCESP, do registro público mercantil sem falhas.

Alexandre Moraes

Secretário da Justiça e da Defesa da Cidadania

Armando Luiz Rovai

Presidente da Junta Comercial do Estado de São Paulo

20. CADASTRO NACIONAL DE PESSOA JURÍDICA – CNPJ

Estando a constituição e encerramento de empresas sujeito ao que dispõe a Instrução Normativa 200/2002 em seus arts. 16 e 48, sendo que sócios minoritários sequer têm poderes para promover o encerramento regular da pessoa jurídica, abusos cometidos pela Secretaria da Receita Federal, outras empresas que estão operacionalmente inativas e que não se encontram regulares perante o fisco, e não aceitando o cadastro da nova empresa, o Poder Judiciário tem sido sensível aos pleitos do contribuinte, concedendo, na grande maioria dos casos, liminares contra estas flagrantes ilegalidades. Os arts. 5º, XIII e 170 da CF, restrições à referida Instrução Normativa como inconstitucional e ilegal *(princípios da legalidade – do livre exercício profissional e do trabalho e da hierarquia das normas)*, demonstrando claramente a restrição ao exercício de atividades do contribuinte e a coação indireta ao pagamento de tributos. O Supremo Tribunal Federal repele, em Súmulas 70, 323 e 547, tornando em sede de Mandado de Segurança ineficaz a medida no final do processo, tendo sofrido a empresa prejuízo por não ter exercido sua atividade. Portanto, a Instrução Normativa sobrepõe-se à Carta Magna, não podendo o fisco estabelecer meios coercitivos indiretos de cobrança de tributo e impedindo a inscrição no CNPJ, sob pena de ferir o princípio da reserva legal, e o art. 37 da Lei 8.934/94, sendo vedada em seu parágrafo único, qualquer exigência: – seja por falta do pagamento de tributos ou pelo não cumprimento de obrigações acessórias *(participação em outras pessoas jurídicas-inaptas)*.

Obs.: Consultar anexos de I a VI no *site* da receita federal

21. MODIFICAÇÕES NA ESTRUTURA DAS SOCIEDADES

Embora o assunto seja regulado pela Lei das S/A, a aplicação se dará a todo e qualquer tipo de sociedade.

21.1 Grupo Empresarial[274]

Requerimento-padrão.

Três vias do instrumento da constituição do grupo.

FCN em 2 vias modelos 1 e 2.

Taxa GARE e DARF.

Visto do advogado.

O Grupo de Sociedade é constituído pela controladora e duas controladas, com os recursos e esforços comuns para os empreendimentos. O comando do grupo *(controladora)* deve ser brasileiro. Por convenção tem uma "*designação*", ao invés de razão ou denominação social.[275] O grupo não admite personalidade jurídica[276], e terá pessoa que o representará perante terceiros.[277]

---

[274] Arts. 265 e seguintes da Lei n.º 6.404/76 das S/A, reformada pela Lei n.º 10.303/2001.

[275] Art. 267 da Lei n.º 6.404/76 das S/A,

[276] Art. 266 da Lei n.º 6.404/76 das S/A. É bem mais seguro, por exemplo, que estes bens sejam de propriedade distinta da empresa de caráter efetivamente

Objetivos:- Exercer controle acionário, de outras empresas (*holding* pura); facilitar a sucessão hereditária (*holding* familiar); concentrar a gestão empresarial (*holding* controladora).

operacional, podendo pertencer a uma sociedade *holding* que venha a ser constituída com a finalidade de administrar tal patrimônio. Em situações como essa, caso a empresa possua certidões negativas de débito perante a Receita Federal, o INSS e o FGTS, é possível a opção pela reorganização societária, por meio de uma cisão parcial, para que os bens da pessoa jurídica e física sejam acomodados de forma conveniente e segura.

[277] Art. 272, parágrafo único, da Lei n.º 6.404/76 das S/A.

22. TRANSFORMAÇÃO DE SOCIEDADE LIMITADA EM S/A

– Operação que pode ser realizada independentemente de seus débitos tributários, inscritos ou não.

Requerimento-padrão

Ato de transformação em 3 vias.

Certidão Negativa de Débito FGTS e INSS.

Duas vias da ficha cadastral modelos 1 e 2.

CNPJ em (*2 vias*) modelo 3 e xerox do cartão.

Visto do advogado.

Taxas GARE e DARF.

Transformação, quando a sociedade passa de um tipo para outro, de Ltda. para S/A, e ou vice-versa.[278]

---

[278] Art. 220 da Lei n.º 6.404/76 das S/A.

23. JORNAIS

Requerimento-padrão.
Três vias da folha em que foi publicado o ato.
Taxa GARE.

24. OUTRO JORNAL

Requerimento-padrão.
Três vias da folha em que foi publicado o ato.
Taxa GARE.

25. CISÃO

- Operação societária que pode ser realizada em empresas com débitos ainda não constituídos.
- Pré requisitos – regularidade fiscal: Certidões Negativas de Débito (CND), receita federal, INSS, FGTS.
- A certidão da cisão passada pela Junta Comercial dos Estados é documento hábil para averbação no Registro de imóveis.
- Isenção do I.T.B.I. – Imposto sobre Transmissão de Bens Imóveis.

A – Cindida

Requerimento-padrão.

FCN em 2 vias modelos 1 e 2.

Três vias do instrumento de cisão.

Certidão negativa de débito do INSS e FGTS.

Taxas GARE e DARF.

B – Resultante da Cisão

Se constituição vide roteiro.

Se é empresa já existente *(alteração ou age)*.

Na Cisão, quando a sociedade transfere patrimônio para uma ou mais sociedades.[279]

---

[279] Art. 229 da Lei n.º 6.404/76 das S/A, reformada pela Lei n.º 10.303/2001.

26. FUSÃO[280]

– Operação que pode ser realizada independentemente de seus débitos tributários, inscritos ou não.

– Vantagens: união de esforços comuns – extinção das fusionadas.

– Diminuição de custos operacionais e contábeis.

– Concentração de valores / mercado em uma.

A – Sociedade Resultante

Requerimento-padrão.

Três vias do instrumento de Constituição.

B – Sociedades Fundidas

Requerimento-padrão.

Três vias do instrumento de extinção.

FCN em 2 vias modelos 1 e 2.

Certidão negativa de débito do INSS e FGTS.

Taxas GARE e DARF.

→ Na fusão, quando se unem duas ou mais sociedades para tornar uma terceira.[281]

---

[280] Art. 228 da Lei n.º 6.404/76 das S/A.
[281] Art. 228 da Lei n.º 6.404/76 das S/A.

27. INCORPORAÇÃO[282]

- Operação que pode ser realizada independentemente de seus débitos tributários, inscritos ou não.
- Vantagens: diminuição de custos operacionais e contábeis.
- Encerramento de sociedade que não poderia ser encerrada por meios normais.
- Aproveitamento de créditos fiscais.

A– Incorporadora
Requerimento-padrão.
FCN modelos 1 e 2 em 2 vias.
CNPJ, se for o caso.
Taxas GARE e DARF.
Três vias do instrumento.

B – Incorporada
Requerimento-padrão.
Três vias do instrumento de extinção.
Certificado de regularidade de situação do FGTS.

---
[282] Art. 227 da Lei n.º 6.404/76 das S/A.

FCN em 2 vias modelos 1e 2.

Taxas GARE e DARF.

Na incorporação, quando uma ou mais sociedades são absorvidas, por outras.[283]

---

[283] Art. 227 da Lei n.º 6.404/76 das S/A, reformada pela Lei n.º 10.303/2001.

28. ATA DE ASSEMBLÉIA GERAL DE LIQUIDAÇÃO

Três vias da ata da assembléia de liquidação.
Duas vias da ficha cadastral (FCN) folha 2 do liquidante.
Taxa GARE.
Certidão negativa de débito do INSS, FGTS e tributos federais.

Mencionar o endereço particular da pessoa responsável pela guarda dos livros no requerimento do liquidante.

Ao lado da denominação deve constar em liquidação.[284]

---

[284] Art. 212 da Lei n.º 6.404/76 das S/A.

29. CONSÓRCIO DE EMPRESA[285]

Requerimento-padrão.
Três vias do instrumento de constituição.
Estabelecer empresa líder.
Se possível, denominar o consórcio.
CNPJ (*quando operar em nome próprio*) modelo 1; juntar fotocópia do RG, CPF e comprovante de residência do responsável pelo CNPJ.
Visto do advogado.
FCN - 2 vias modelos 1 e 2.
Taxas GARE e DARF.

---

[285] Art. 278 da Lei n.º 6.404/76 das S/A.

30. MODELO DE CONTRATO DE CONSTITUIÇÃO DE SOCIEDADES

Sociedades Limitada – Empresária[286] e Simples[287]

Pelo presente instrumento, na melhor forma de direito (*Fulano de Tal*), brasileiro, casado (*solteiro*), profissão,

---

[286] Conferir: - "Sociedade por quotas de responsabilidade limitada, aplicação supletiva da Lei S/A, Cabimento em relação do contrato, naquilo que silenciou, podendo dispor a respeito, e não em relação à lei que a rege, (... Art. 981 CC.- Sociedade Simples (*Decreto n.° 3.708 de 10/01/1919 previa em seu art. 18, serão observados quanto às Soc. por quotas de responsabilidade Ltda.*, no que não for regulado no estatuto social, e na parte aplicável, as disposições da Lei das S/A – *revogado*). Hoje, se a Sociedade Limitada eleger a Lei das S/A como fonte de regência supletiva, estará obrigada às da lei, e as cláusulas contratuais contrárias, serão inválidas. Caso os sócios queiram mais liberdade para decisão, devem optar pela Sociedade Simples. A Lei das S/A, é supletiva, não é lei das sociedades por quotas, mas do contrato dessas sociedades. (TJSP, JTJ, 146, 188); no mesmo sentido: "Direito Comercial, Lei S/A não é supletiva do Decreto n.° 3.708/19 (*revogado*), mas do contrato social das sociedades por quotas de responsabilidade limitada. Apesar de consagrado o princípio da maioria, esta não pode, entre outras hipóteses, transformar o objeto nem o tipo da sociedade, sem o consenso de todos os sócios, pois, isto implica na modificação da sua e da responsabilidade da sociedade, entre si e perante terceiros (TJSP, BA, 1.772; também em RT, 695/97).

[287] Quais hipóteses se incluiriam como mercantil e não mercantil; ou o que faria a distinção de sociedade (*empresária/simples*) de associação. Art. 1.053, par. único CC. Para Fábio Ulhoa Coelho, "a partir da vigência da nova lei, os sócios que optarem pela constituição de uma sociedade limitada podem escolher entre duas grandes alternativas: as sociedades (*subtipo I*) limitadas sujeitas à regência supletiva do Capítulo do novo CC, sobre sociedade simples estabelecem entre os sócios um vínculo instável, que pode ser rompido com maior facilidade (*morte de sócio,*

portador da cédula de identidade RG............................., órgão emissor e unidade federativa, CPF/MF n.º......................., residente e domiciliado no Município..................., Rua .... bairro.................. CEP n.º..............., e (*Beltrano*), brasileiro, casado (*solteiro*), profissão................., portador da cédula de identidade RG............. órgão emissor e unidade federativa, e CPF/MF n.º................, residente e domiciliado no Município..................., Rua...................., bairro.............. CEP n.º................... têm entre si justo e contratado a constituição de **Sociedade Empresária** (ou) **Simples**, que neste ato se constitui de comum acordo e pela melhor forma de direito, o qual se regerá pelas cláusulas e condições seguintes, em conformidade com *a regra de regência supletiva das sociedades limitadas prevista no art. 1.053 e* (ou) *seu parágrafo único* da Lei n.º 10.406 de 10 de janeiro de 2002.[288]

---

liquidação de quotas a pedido de credor de sócio, retirada motivada, retirada imotivada e expulsão de sócio); e sociedade (*subtipo II*) limitada, deste modo, se a sociedade (*empresária*) eleger mecanismo de regência supletiva da Lei das Sociedades por Ações como fonte, ela estará obrigada a observar as regras de destinação do resultado previstas nesta lei, sendo inválida qualquer cláusula contratual em contrário. Para se ter ampla liberdade de decisão, devem optar pela disciplina da sociedade simples. A conclusão, entre os dois subtipos de limitada, é que não existe um melhor que outro. A maior ou menor estabilidade do vínculo entre os sócios, bem assim as implicações das demais diferenças (*destinação do resultado, desempate e vinculação da sociedade a atos estranhos ao seu objeto social*), correspondem, em última análise, a modelos de sociedade postos à disposição dos sócios. Em outros termos, antes da entrada em vigor do novo CC, os sócios podiam optar entre dois grandes modelos: sociedade limitada ou anônima (*esqueçam- se os tipos menores, de pouca presença na economia*). Hoje, eles devem optar entre três:– "limitada com vínculo instável, limitada de vínculo estável ou anônima". Portanto, na escolha do tipo, sobre as diferenças, vantagens e desvantagens de cada alternativa, devem consultar profissionais. *Curso de Direito Comercial*, São Paulo, Saraiva, 2003, 6ª ed. Revista e atualizada do novo CC e alterações da Lei S/A, pp. 447/449.

[288] Art. 1.053 CC " A sociedade Limitada rege-se, nas omissões deste Capítulo, pelas normas da sociedade simples. Parágrafo único, o contrato social poderá prever a regência supletiva da sociedade limitada pelas normas da sociedade anônima" (Lei n.º 6.404/76). Para Fábio Ulhoa Coelho, a sujeição a um ou outro regime de regência supletiva depende do que estiver previsto no contrato social, ou seja, depende do que os sócios negociarem. Se o contrato for omisso quanto ao regime de regência supletiva

Cláusula Primeira

A sociedade girará sob a denominação social de (*ou razão social*), tendo sua sede, foro e domicílio no Município ...., rua ...., bairro ...., CEP n.º.............., podendo abrir filiais, sucursais e escritórios em todo o Território Nacional.[289]

Cláusula Segunda

A sociedade terá por objetivo (*atividade econômica em gênero e espécie*), podendo a juízo da diretoria participar de outras sociedades, como acionista ou quotista.

Cláusula Terceira

O prazo de duração da sociedade é por tempo indeterminado[290] (*ou determinado*).

Cláusula Quarta

O capital social é de R$ (*e o valor por extenso*), dividido em (*quantidades de quotas*) com o valor nominal de R$ (*e o valor por extenso*) cada uma, totalmente subscrita pelos sócios

---

ou eleger o das sociedades simples, naquelas matérias em que o Capítulo do novo CC sobre sociedade limitada for omisso, aplicam-se as regras do Capítulo do novo CC sobre sociedades simples. Caso o contrato social eleja como regime de regência supletiva o da sociedade anônima, naquelas matérias, a sociedade limitada sujeitar-se-á às normas da Lei das Sociedades por Ações. (*Decreto n.° 3.708 de 10 de janeiro de 1919 - revogado*).

[289] Art. 1.158 CC" Pode a sociedade limitada adotar firma ou denominação, integradas pela palavra final 'Limitada' ou a sua abreviatura. A omissão da palavra limitada determina a responsabilidade solidária e ilimitada dos administradores que assim empregarem a firma ou a denominação da sociedade".

[290] Não disciplina nCC sobre sociedade limitada (*Parte Especial, Livro II, Título II, Subtítulo II, Capítulo IV*), por exemplo; o direito de retirada imotivada nas sociedades sem prazo, as conseqüências da morte de sócio, a distribuição do resultado e outros temas societários de real importância. Na omissão este tipo societário pode ser regido por dois diferentes conjuntos de normas legais: de um lado, o correspondente ao Capítulo do nCC sobre as sociedades simples (*Parte Especial, Livro II, Título II, Subtítulo II, Capítulo I*) ou à Lei das Sociedades por Ações (*Lei n.° 6.404/76*).

e totalmente integralizado (*ou a integralizar em imóveis ou dinheiro, determinar prazo*) em moeda corrente do país:

Fulano de Tal *(quantidade de quotas)* R$ ....

Beltrano de Tal *(quantidade de quotas)* R$ ....

Parágrafo único – A responsabilidade dos sócios é limitada ao montante do capital social determinado nesta cláusula, conforme prescrevem os arts. 1.052 e seguintes do Código Civil – Lei n.° 10.406 de 10 de janeiro de 2002.[291]

Cláusula Quinta

A sociedade será administrada exclusivamente (*ou em conjunto*) pelo sócio (*Fulano de Tal*), o qual terá amplos, gerais e ilimitados poderes, sendo sua assinatura isolada (*ou em conjunto*) o suficiente para obrigar a sociedade perante terceiros, podendo inclusive vender e comprar bens imóveis, integrantes de patrimônio fixo, representar a sociedade em juízo ou fora dele, bem como, a seu critério, nomear procuradores com poderes "***ad negotia** - mandato para negócio **e** ou **ad judicia et extra*** – mandato – para o foro – em geral – e extrajudicialmente" (*pessoas naturais incumbidas da administração da sociedade, seus poderes e atribuições*).[292]

Parágrafo primeiro – Sócio que represente maioria no capital (*2/3*) social poderá alterar o contrato social em qualquer de suas cláusulas, admitindo e demitindo sócio no quadro social, alterar o tipo de sociedade, efetuar cisão, incorporação ou fusão de sociedades, firmando todos os documentos necessários, sem anuência dos demais sócios.[293]

---

[291] (*Art. 2° "In fine" Decreto 3.708/19 - revogado*).

[292] Se feito por instrumento público, nada impede que suas futuras alterações sejam realizadas para instrumentos particulares.

[293] Poderão eles estabelecer, em cláusula contratual, que a transferência das quotas poderá se dar independentemente do consentimento dos demais sócios, ou mesmo segundo a linha do novo Código Civil, pode a cláusula até definir um limite máximo de sócios que não podem se opor à transação, ou mesmo um número mínimo de sócios

Parágrafo segundo – Fica vedado aos diretores ou sócios o uso da denominação ou razão social em operações alheias aos interesses da sociedade, principalmente em favor de terceiros, mesmo sob forma cambiária ou fiança, sob pena de nulidade absoluta, responsabilizando-se o infrator, pessoalmente, pela obrigação assumida.[294]

Cláusula Sexta

Todos os sócios que tomarem parte ativa na administração da sociedade terão direito a uma retirada mensal a título de "*pro-*

---

que devam anuir ao ato. Prévio estudo para cada sociedade acerca do assunto parece-nos indispensável, uma vez que de relevância inegável para a prevenção de litígios, bem como caminho para a evolução e o desenvolvimento da sociedade. Por outro lado, as sociedades limitadas com capital pulverizado se projetam para uma transferência de investimento, não parecendo-nos razoável a vedação da transferência das quotas para terceiros. Portanto, o ideal é o ajuste de situação no contrato, porque, como se sabe, os herdeiros somente sucedem o sócio falecido nos direitos patrimoniais das quotas e não nos direitos pessoais. Estes somente suscetíveis de transmissão hereditária se assim estiver estabelecido no contrato social. Com inovação do novo CC é a possibilidade de terceiros serem administradores da sociedade; a designação dessas pessoas, porém, depende de aprovação unânime dos sócios, se o capital não estiver totalmente integralizado, ou de dois terços, caso integralizado, conforme prevê o seu art. 1.061 CC. Não cabe mais, portanto, a "delegação de gerência". A sociedade é gerida por administradores sócios ou não sócios. O exercício do cargo é de um ano; em cada assembléia anual deverão ser escolhidos os membros do conselho fiscal e fixado seus honorários. José Marcelo Martins Proença e Marcia Regina Machado Melaré. As Sociedades Limitadas no novo CC. AASP 2003, n.º 71 pp. 53 a 64.

[294] Para Fábio Ulhoa Coelho (*outras diferenças entre os subtipos*) Desempate, limitadas com vínculo societário instável, o desempate é feito inicialmente, segundo critério da quantidade de sócios (*art. 1.010, § 2º, CC*), permanecendo o empate, cabe ao juiz desempatar a matéria. Nas sociedades com vínculo estável não há critério de desempate por quantidade de sócios. Prevalecerá sempre quantidade de ações de cada sócio. Desempate sempre por assembléia geral, em espaço de 60 dias, ou pode ser prevista pela arbitragem, ou o juiz (*Lei S/A, art. 129, § 2º*). Deste modo, numa Sociedade Limitada composta por três sócios, em que um deles tem metade do capital social e os outros dois juntos a outra metade, havendo empate na deliberação, o desempate será feito por regras diferentes de acordo com o subtipo. Na hipótese de subtipo I, prevalecerá a decisão tomada pelos dois últimos sócios, que compõem uma espécie de maioria (*2 sócios contra 1*) que a norma da sociedade simples privilegia. Na hipótese de subtipo II, a quantidade de sócios não é nunca critério de desempate, sempre prevalecendo a participação de cada um deles no capital social.

labore", obedecendo aos limites estabelecidos pela legislação do imposto de renda.

Cláusula Sétima

As quotas de qualquer dos sócios não poderão ser cedidas ou transferidas a terceiros, sem o prévio consentimento dos demais sócios.[295]

Parágrafo único – O quotista que desejar retirar-se da sociedade, deverá comunicar essa intenção aos demais, por escrito, com a antecedência mínima de 90 (*noventa*) dias, devendo aguardar, por tal período, que os demais sócios se manifestem sobre o exercício do direito de preferência, que lhes é assegurado, em igualdade de condições com terceiros.[296]

Cláusula Oitava

A sociedade considerar-se-á dissolvida e entrará em liquidação pelo consenso dos quotistas, ou por qualquer dos motivos

---

[295] A liquidação da quota a pedido de não-sócio é uma intromissão injustificável na vida da sociedade e pode servir, sem dificuldades, à fraude. Imagine que a sociedade possua patrimônio de valor elevado, mas, por qualquer razão, seu valor econômico é inferior. Isto ocorre, por exemplo, se a empresa se encontra tecnologicamente defasada, ou se há perspectiva de ingresso de novos e poderosos concorrentes no mesmo segmento de mercado. Nestes casos, os sócios encontrariam pessoas interessadas em adquirir, pelas quotas, valor inferior ao patrimonial. Um deles poderia, então, simular dívida com terceiro que, valendo-se da faculdade aberta pelo art. 1.026, par. único, do CC, obteria a liquidação da quota pelo valor patrimonial. A sociedade (*quer dizer, os demais sócios*) teria que pagar ao pretenso credor um valor maior que o da quota social liquidada (*arts. 1.028, caput, I, II, III, 1.026, par. único, 1.031, 1.077, 1.029, 1.085, todos CC*). Ver Fábio Ulhoa Coelho, "O valor patrimonial das quotas da sociedade limitada" em Revista de Direito Mercantil, vol. 123, São Paulo, Malheiros, 2001, pp. 69/76.

[296] Art. 1.085 CC. Exclusão dos sócios minoritários, que pode ser expulso da sociedade, sem necessidade da maioria absoluta do capital social recorrer ao judiciário, quando a maioria entender que o sócio minoritário está pondo em risco a continuidade da empresa (*atos de gravidade*); exista no contrato social a possibilidade de exclusão por justa causa; e a exclusão ocorra em reunião ou assembléia designada especialmente por esse fim. Não encontrados presentes todos esses requisitos, a expulsão do sócio minoritário somente poderá se dar judicialmente. José Marcelo Martins Proença e Márcia Regina Machado Melaré. AASP. 2003, pp. 53 a 64. As sociedades limitadas no novo Código Civil.

previstos em lei, podendo transformar-se em outro tipo societário, desde que assim deliberem os sócios.

Parágrafo primeiro – A sociedade não será dissolvida por morte (*ou será*), retirada, falência ou incapacidade de qualquer dos sócios, desde que os demais quotistas desejem prosseguir com as atividades sociais, admitindo ou não novo ou novos sócios, sempre com observância estrita das disposições legais e das estipulações do presente instrumento.

Parágrafo segundo – Ocorrendo um dos eventos do parágrafo anterior, os haveres do sócio retirante, pré- morto, declarado falido, interdito ou incapaz serão apurados através de balanço especial, pagando-se ao sócio retirante, seus herdeiros ou representantes legais, em 24 (*vinte e quatro*) prestações mensais, vencendo-se a primeira, após decorridos 07 (*sete meses*) do balanço, acrescidos de juros de 10% (*dez por cento*) ao ano contado da data do evento.

Parágrafo terceiro – Na hipótese de retirada de um dos sócios por motivos mencionados, desde que os sócios remanescentes concordem, os herdeiros maiores e capazes poderão optar pela sua participação na sociedade, ao invés do pagamento de haveres no parágrafo anterior.[297]

---

[297] Morte de sócio. Morrendo sócio de Sociedade Limitada Simples (*de subtipo I*), diz a lei que será feita, em princípio, a liquidação de sua quota (*novo CC, art. 1.028, caput*). Deste modo, a regra geral é a de que a morte do sócio implica a dissolução parcial da sociedade de vínculo instável. Deve a sociedade levantar um balanço patrimonial específico (*chamado doutrinariamente de balanço de determinação*), mensurar o valor das quotas do sócio falecido e pagar ao espólio em 90 dias. A sociedade limitada deste subtipo só não será parcialmente dissolvida em razão de morte de sócio nas três hipóteses que a lei trata como exceção. A primeira diz respeito à previsão no contrato social de que a morte do sócio não induz à liquidação de suas quotas (*art. 1.028, I*). Se os sócios haviam estabelecido contratualmente, por exemplo, o ingresso na sociedade dos herdeiros na hipótese de falecimento, neste subtipo de sociedade prevalece a estipulação contratual. A segunda exceção é a dissolução total deliberada pelos demais sócios (*art. 1.028,II*). Se estes avaliam, por exemplo, que o trabalho pessoal do falecido era indispensável ao cumprimento

Cláusula Nona

O exercício social encerrar-se-á em 31 de dezembro de cada ano, quando será levantado o balanço geral, sendo que os lucros ou prejuízos serão atribuídos ou suportados aos sócios, ou permanecerão em suspenso para futura designação.[298]

Cláusula Décima

Os sócios declaram sob as penas da lei que não estão sendo processados e nunca foram condenados por nenhum dos

---

do objeto da sociedade, podem optar por dissolverem a sociedade totalmente. Neste caso, após a liquidação regular, o espólio receberá o equivalente à participação societária do morto, valor que corresponde em tese, ao da apuração dos haveres. A terceira exceção é o acordo entre os sócios sobreviventes e os sucessores do sócio morto (*art. 1.028, III: a lei fala em "herdeiros", mas não se deve dar uma interpretação literal ao dispositivo*). Estando todos os sócios supérstites de acordo com o ingresso na sociedade dos sucessores do sócio falecido, e querendo estes tal solução, não há mesmo razões para se proceder à apuração dos haveres. Afinal, se estas pessoas querem ser sócias umas das outras, é desproposital exigir que elas procedam à dissolução parcial da sociedade existente para, no momento seguinte, contratarem o ingresso nela dos sucessores. Veja que esta solução é possível ainda que o contrato social preveja a dissolução parcial da sociedade em caso de falecimento de um dos sócios, tendo em vista a tutela da autonomia da vontade.

[298] Para Fábio Ulhoa Coelho (*outras diferenças entre os subtipos*) Destinação do resultado, nas sociedades limitadas com vínculo societário instável, a maioria dos sócios delibera sobre destinação do resultado, podendo livremente decidir pelo reinvestimento da totalidade dos lucros gerados ou pela distribuição de todo o resultado. Isto porque, nas normas de regência da sociedade simples, não estabelece a lei nenhuma obrigatoriedade de distribuição mínima de parte dos lucros entre os sócios ou de apropriação de reservas. Já nas sociedades limitadas com vínculo societário estável, devem prever no contrato social o dividendo obrigatório a ser distribuído anualmente entre os sócios, em caso de omissão no instrumento contratual, pelo menos o lucro líquido ajustado deve obrigatoriamente ser distribuído entre os sócios, como dividendo (*art. 202, Lei S/A*). Este é o piso, já que integra os dividendos obrigatórios toda parcela do resultado que não for apropriado numa das reservas previstas em lei ou no contrato social. Assim sendo, se a sociedade limitada, ao término do exercício, apresentou resultado líquido positivo, os limites para os sócios deliberarem sobre a destinação deste resultado existem apenas nas sociedades de subtipo II. Nas de subtipo I, eles poderão livremente aprovar qualquer destinação do resultado.

crimes previstos em lei, que os impeçam de exercer atividades empresariais.

Cláusula Décima Primeira

Os casos omissos regular-se-ão por dispositivos da Lei n.º 10.406 de 10 de janeiro de 2002, e, no que for aplicável, por preceitos da Lei n.º 6.404, de 15 de dezembro de 1976, ficando eleito o foro da cidade,[299] estado, para dirimir qualquer questão oriunda do presente instrumento.

E, por estarem assim de perfeito acordo, assinam o presente instrumento em 03 (*três*) vias de igual teor e forma, na presença das testemunhas abaixo.

Local e data

Assinatura dos sócios

(RG, órgão emissor e UF)

nome completo

Assinatura das testemunhas

(RG, órgão emissor e UF)

nome completo

Visto:

Advogado – nome / OAB / Seccional

---

[299] Art. 9º da Lei de Introdução ao Código Civil Brasileiro – "Para qualificar e reger as obrigações, aplicar-se-á a lei do país em que se constituírem". Portanto, não há porque supor que, contrariando a regra geral de autonomia da vontade em matéria contratual, as partes fossem impedidas de escolher a lei mais adequada para reger seu contrato internacional. A LICC, só tem aplicação quando houver omissão ou controvérsia a respeito do direito aplicável, sendo que o direito brasileiro suporta a autonomia da vontade no campo da lei aplicável às obrigações contratuais, e que, portanto, é admitida a escolha nos contratos internacionais, sendo tanto lógica como jurídica. O exemplo típico é a *lei da arbitragem* que estabelece que as partes poderão escolher livremente as regras de direito que serão aplicadas. *(Decreto 3.708/1919 – revogado).*

31. MODELO BÁSICO DE ALTERAÇÃO CONTRATUAL

Sociedades Limitadas

Alteração contratual das sociedades:– Empresária / Simples

Motivo: a) Aumento de capital *(por exemplo)*.

b) Expulsão de Sócio.[300]

c) Consolidação contratual *(se houver)*, etc.

Fulano de Tal *(qualificação completa: nacionalidade, estado civil, data de nascimento)*, profissão, n.º do CPF, R.G *(carteira de identidade, certificado de reservista, carteira de identidade profissional ou carteira de estrangeiro, indicando o seu n.º, órgão expedidor e Estado emissor)*, residente e domiciliado na *(endereço completo, tipo e nome do logradouro, n.º, complemento, bairro, cidade, CEP e UF)* e **Beltrano de Tal**, *(qualificação*

---

[300] Expulsão de sócio - A última hipótese de dissolução parcial da sociedade limitada de subtipo I é a expulsão de sócio. Para ter lugar extrajudicialmente, é necessário desde a vigência do novo CC, que o contrato social contenha cláusula expressa, permitindo-a. Exige-se, também, tenha o expulso incorrido em grave conduta, capaz de expor a continuidade da empresa a risco. É o caso do sócio que concorre com a própria sociedade ou repassa à concorrente segredo de empresa. Por fim, a expulsão extrajudicial depende da realização de assembléia de sócios especialmente convocada para este fim e com ciência do sócio a ser expulso, para que possa comparecer ao evento societário e nele exercer o direito de defesa (novo CC, art. 1.085).

completa: nacionalidade, estado civil, data de nascimento (se solteiro), profissão, n.º do CPF, RG *(carteira de identidade, certificado de reservista, carteira de identidade profissional ou carteira de estrangeiro, indicando o seu n.º............ órgão expedidor e estado emissor),* residente e domiciliado na *(endereço completo, tipo e nome do logradouro, n.º, complemento, bairro, cidade, CEP e UF),* únicos sócios da ...., sediada na *(endereço completo: tipo e nome do logradouro, nº, complemento, bairro, cidade, CEP e UF),* registrada na Junta Comercial do Distrito Federal sob o NIRE ...., inscrita no CNPJ sob n.º ...., resolvem assim alterar o contrato social:

1ª – O capital social é elevado de R$ _____ (_____ *reais*) para R$ _____ (_____ *reais*), aumento este subscrito e integralizado proporcionalmente pelos sócios, neste ato.

2ª – Em razão desse aumento de capital, a cláusula 3ª do contrato social passa a ter a seguinte redação:

3ª – O capital social é elevado de R$ _____ (_____ *reais*), dividido em _____ quotas de R$_____ (_____ *reais*), cada uma, subscritas e integralizadas, neste ato, em moeda corrente do País, pelos sócios:

Fulano de Tal .... n.º de quotas .... – R$_____.

Beltrano de Tal .... n.º de quotas .... – R$_____.

SUGERE-SE, a seguir, consolidar o contrato social, reproduzindo todas as suas cláusulas; assim:

3ª – À vista da modificação ora ajustada, consolida-se o contrato social, que passa a ter a seguinte redação:

"**1ª** – A sociedade gira sob o nome empresarial e tem sede na (*endereço completo: tipo e nome do logradouro, n.º, complemento, bairro, cidade, CEP e UF*).

2ª – Seu objeto social é _____

3ª – O capital social é de R$ _____ (_____ *reais*), dividido em _____ quotas de R$ _____ (_____ *reais*) cada uma, subscritas e integralizadas, neste ato, em moeda corrente do País, pelo sócios:

Fulano de Tal .... n.º de quotas _____ – R$_____.

Beltrano de Tal .... n.º de quotas _____ – R$_____.

4ª – As quotas são indivisíveis e não poderão ser cedidas ou transferidas a terceiros sem o consentimento do outro sócio, a quem fica assegurado, em igualdade de condições e preço, o direito de preferência para sua aquisição.

5ª – A responsabilidade dos sócios é limitada à importância total do capital social.

6ª – A sociedade iniciou suas atividades em .... e seu prazo de duração é por tempo indeterminado (*ou determinado*).

7ª – A administração da sociedade caberá a ...., vedado, no entanto, o uso do nome empresarial em negócios estranhos ao interesse social ou assumir obrigações seja em favor de qualquer dos quotistas ou de terceiros, facultada retirada mensal, cujo valor não ultrapasse o limite fixado pela legislação do imposto de renda.

8ª – O balanço geral será levantado em 31 de dezembro de cada ano, cabendo aos sócios, na proporção de suas quotas, os lucros ou perdas apurados.

9ª – Fica eleito o foro de .... para qualquer ação fundada neste contrato.

10ª – Falecendo ou sendo interditado qualquer dos sócios, a sociedade continuará com seus herdeiros ou sucessores. Não sendo possível ou inexistindo interesse, apurar-se-ão os haveres em balanço geral, que se levantará, conforme entendimento vigente.[301]

11ª – "Os sócios declaram, sob penas da lei, que não incorrem nas proibições previstas em lei para o exercício da atividade empresarial."

E por estarem assim justos e contratados, assinam o presente instrumento em ____ vias, na presença de duas testemunhas.

Local, ... de .... de ....

_____   _____
Fulano de Tal   Beltrano de Tal

Testemunhas:

Assinatura: Assinatura:

_____   _____
Nome completo e identidade   Nome completo e identidade
(espécie e n.°, órgão emissor/UF) (espécie e n.°, órgão emissor/UF)

---

[301] Nota: Pode-se já antever as inúmeras questões que, do ponto de vista do direito processual, devem surgir com a novidade, uma vez que a lei não disciplinou como se processará esta hipótese de liquidação da quota. O balanço especial será levantado pelo contador da sociedade ou por perito judicial? A inevitáveis controvérsias sobre os métodos de apropriação contábil do ativo e passivo serão manifestadas e decididas de que forma em juízo? Considera-se encerrada a liquidação da quota, para fins de fluência do prazo de 90 dias previsto na lei, em que momento do processo judicial? Se a sociedade não proceder ao depósito em juízo do dinheiro indicado na liquidação, que providência cabe adotar? Feito o depósito, o registro na junta comercial da redução do capital social e da exclusão do sócio devedor é feito por ordem do juiz ou através de instrumento das partes? Neste último caso, e se o ex-sócio não quiser assinar o instrumento societário? Destas e de outras questões, porém, tratarão os processualistas, com a percuciência de sempre. Completa Fábio Ulhoa Coelho – Revista Advogado, agosto 2003, p. 26.

32. MODELO BÁSICO DE DISTRATO SOCIAL

Sociedade Limitada – Empresária / Simples

DISTRATO SOCIAL DA:_____

Fulano de Tal, *(qualificação completa: nacionalidade, estado civil, data de nascimento (se solteiro),* profissão, n.º do CPF, RG *(carteira de identidade, certificado de reservista, carteira de identidade profissional ou carteira de estrangeiro, indicando o seu n.º, órgão expedidor e estado emissor)*, residente e domiciliado na *(endereço completo, tipo e nome do logradouro, n.º, complemento, bairro, cidade, CEP e UF)* e **Beltrano de Tal**, *(qualificação completa: nacionalidade, estado civil, data de nascimento (se solteiro),* profissão, n.º do CPF, RG *(carteira de identidade, certificado de reservista, carteira de identidade profissional ou carteira de estrangeiro, indicando o seu n.º, órgão expedidor e Estado emissor)*, residente e domiciliado na *(endereço completo, tipo e nome do logradouro, nº, complemento, bairro, cidade, CEP e UF)*, únicos sócios da (.....), sediada na *(endereço completo: tipo e nome do logradouro, n.º, complemento, bairro, cidade, CEP e UF)*, registrada na Junta Comercial do Distrito Federal sob o NIRE_____, inscrita no CNPJ sob n.º_____, resolvem, por não mais lhes interessar o exercício do objeto social até então explorado, dissolver a sociedade, mediante as seguintes cláusulas:

1ª – A sociedade, que iniciou suas atividades em ___/___/___, encerrou todas as suas operações na data de ___/___/___.

2ª – Procedida a liquidação da sociedade, os quotistas recebem, neste ato, por saldos de seus haveres, respectivamente, a importância de R$ _____ (..............reais), correspondente ao valor de suas quotas.

3ª – Os sócios dão, entre si e à sociedade, geral e irrevogável quitação, para nada mais reclamarem um do outro, seja a que título for, com fundamento no contrato social e suas alterações, declarando, ainda, extinta, para todos os efeitos, a sociedade em referência.

4ª – A responsabilidade pelo ativo e passivo porventura existente fica a cargo do sócio _____ que se compromete, também, em manter em boa guarda os livros e documentos da sociedade.[302]

---

[302] Atos fraudulentos, art. 135, III, CTN e art. 28 Código de Defesa do Consumidor; e em casos de dissolução ou encerramento irregular da sociedade. Penal: Passivo fiscal não origina o ilícito criminal; Crimes contra a ordem tributária – Lei n.º 8.137/90, art. 1º; Crimes contra a previdência social – Código Penal, art. 168-A. Os crimes contra a Ordem Tributária são regidos pela Lei n.º 8.137/90, cujo art. 1º diz que a prática desses crimes decorre de conduta dolosa (má-fé) do contribuinte, ou seja, quando este "frauda, omite, falsifica ou altera" informações ao fisco. Portanto, se não ficarem comprovadas essas condutas dolosas, NÃO HÁ QUE SE FALAR EM CRIME CONTRA A ORDEM TRIBUTÁRIA. Os crimes contra a Previdência Social, são regidos pelo CP, cujo art. 168-A diz que a prática desses crimes decorre do NÃO REPASSE pelos contribuintes, à Previdência, das contribuições recolhidas de terceiros. Mas, se o contribuinte deixar de efetuar o repasse à Previdência em decorrência de impossibilidade financeira comprovada, NÃO HÁ QUE SE FALAR EM CRIME CONTRA A PREVIDÊNCIA SOCIAL. Na forma da lei, portanto, a existência de débito tributário decorrente de simples falta de pagamento não implica em espécie alguma de crime, devendo o débito fiscal ser cobrado mediante execução judicial na forma da Lei n.º 6.830/80, ou seja, a Lei das Execuções Fiscais.

E, por estarem assim justos e contratados, assinam o presente Distrato Social, em três vias, na presença de duas testemunhas.

_____, _____ de _____ de 2005.

Fulano de Tal   Beltrano de Tal

Testemunhas:

Assinatura: Assinatura:

Nome completo e identidade   Nome completo e identidade
(espécie e n.º, órgão emissor/UF) (espécie e n.º, órgão emissor/UF)

33. BIBLIOGRAFIA

Arruda Miranda, Darcy Júnior. *Curso de Direito Comercial.* Parte Geral. 3ª ed., Bushatsky, São Paulo, 1974.

Barros, W. Monteiro de. *Curso de Direto Civil,* 5º volume, *Direito das Obrigações.* Saraiva, São Paulo, 1985.

Boletim da Associação dos Advogados de São Paulo. AASP. n.º 2.302.

Coelho, Fábio Ulhoa. *Manual de Direito Comercial.* op. cit., p. 11, Saraiva, São Paulo, 1995.

Coelho, Fábio Ulhoa. *Curso de Direito Comercial.* 6ª ed., revisada e atualizada de acordo com o novo Código Civil e alterações da Lei S/A, pp. 447/449, Saraiva, São Paulo, 2003.

Coelho, Fábio Ulhoa. *As duas limitadas.* Revista do Advogado, pp. 26/31, agosto 2003.

Comparato, Fábio Konder. *Direito Comercial: estudos e pareceres,* p. 31, Saraiva, São Paulo, 1990.

Constituição Federal de 1988. RT., 3ª edição.

DNRC - Manual de Atos de Registro do Comércio - Firma Individual.

DNRC - Manual de Atos de Registro do Comércio - Sociedade Ltda.

Diniz, Maria Helena. *Curso de Direito Civil Brasileiro.* Saraiva, São Paulo, 1994.

Editora Manole Ltda. *Código Civil.* 1ª ed., São Paulo, 2003.

Limongi Franca, R. *Manual de Direito Civil*, vol. 1, Revista dos Tribunais, 1982.

Manual Prático. *Como Abrir sua Empresa.* Sebrae Editoração.

Maximilianus, Cláudio A. Fuher. *Resumo de Obrigações e Contratos (Civis e Comerciais)*, coleção 2, Malheiros, 1996.

Maximilianus, Cláudio A. Fuher. *Resumo de Direito Comercial*, col. Malheiros, 1996.

Mello Franco, Vera Helena de. *Manual de Direito Comercial*, vol. I, RT, 2001.

Negrão, Theotônio. *Código Civil e Legislação Civil.* Saraiva, 18ª ed., São Paulo, 1999.

Revista do Advogado. AASP Ano XXIV, julho de 2004, n.º 77. Arruda Alvim, advogado em São Paulo, Rio de Janeiro e Brasília, professor do mestrado e do doutorado na PUC, pp. 13 a 16; Luciana Hernández Quintana, advogada em Curitiba- Pr, pp. 25 a 29; Marcio Kammer de Lima, Magistrado, professor e mestrando em Direito Civil pela PUC. SP, pp. 34 a 43; Paulo Dias de Moura Ribeiro, Juiz Substituto em segundo grau, lotado na Câmara Especial do Tribunal de Justiça de São Paulo, mestre e doutor em Direito das Relações Sociais pela PUC-SP, professor universitário, pp. 59 a 63; Paulo Salvador Frontini, advogado, professor de direito comercial da Faculdade de Direito da Universidade de SP e FIEO de Osasco, pp. 65 a 86; Walter Ceneviva, advogado em São Paulo, ex-conselheiro e vice-presidente da AASP, pp. 87 a 95.

Revista do Advogado. AASP Ano XXIII, agosto de 2003, n.º 71 - Antônio José de Mattos Neto, Doutor em Direito pela Universidade de São Paulo, professor do curso de mestrado na Universidade Federal do Pará e Unama, procurador da Fazenda Nacional, pp. 7 a 14; Erasmo Valladão Azevedo e Novaes França, Doutor em Direito Comercial e professor doutor da Faculdade de Direito da Universidade de São Paulo, advogado em São Paulo, pp. 15 a 25; Fábio Ulhoa Coelho, advogado e professor titular de Direito Comercial da PUC, SP, pp. 26 a 31; Guiomar T. Estrella Faria, mestre em direito Universidade Federal do Rio Grande do Sul, professora aposentada, pp. 44 a 52; José Marcelo Martins Proença, mestre e doutorando em Direito Comercial pela Universidade de São Paulo, advogado sócio do escritório Approbato Machado Advogados Associados, professor do Complexo jurídico Damásio de Jesus e da Escola Superior do Advogado da OAB, secção SP., Marcia Regina Machado Melaré, especialista em Direito Comercial pela Faculdade de Direito da Universidade de São Paulo, advogada, pp. 53 a 64; Manoel de Queiroz Pereira Calças, mestre e doutor em direito pela PUC, SP, juiz do Segundo Tribunal de Alçada Civil de São Paulo, professor, pp. 65 a 72; Marcos Paulo de Almeida Salles, professor-doutor da Universidade de São Paulo, pp. 73 a 79; Mauro Rodrigues Penteado, advogado, mestre, doutor e livre-docente professor, pp. 80 a 87; Priscila Maria Pereira Corrêa da Fonseca, advogada, pp. 88 a 92; Rachel Sztajn, advogada, pp. 93 a 98; Sérgio José

Dulac Müller, desembargador aposentado, professor e mestre titular de Direito Comercial PUC, RS, advogado especialista; Thomas Müller, acadêmico de Direito e Engenharia, pp. 99 a 113; Werter R. Faria, diretor-presidente da Associação Brasileira de Estudos da Integração. ABEI, pp. 114 a 120.

Revista dos Tribunais. *Constituição Federal de 1988*, 3ª edição.

IMPRESSO NA
sumago gráfica editorial ltda
rua itauna, 789 vila maria
02111-031 são paulo sp
telefax 11 2955 5636
sumago@terra.com.br